HAPPY HOURS

HAPPY
9H 11H 12H 13H 16H 18H 19H 20H 23H 2H
HOURS

BRUNCH, LUNCH, DINER
& COCKTAILS PAR $HEF RVR

Photographies
Blaise Gargadennec

Stylisme
Zoé Armbruster

Que tu m'aies ouvert pour me feuilleter par hasard, pour me lire volontairement, ou pour voir si j'étais un ouvrage qui parle des pintes à 5euros de 17h à 19h, merci de m'avoir pris en main. J'espère qu'on va passer un bon moment.

SOMMAIRE
SOMMAIRE
SOMMAIRE
SOMMAIRE
SOMMAIRE
SOMMAIRE
SOMMAIRE
SOMMAIRE

SOMMAIRE

9h

Porridge charlotte aux fraises 22
Porridge piña colada 24
Porridge comme un Snickers® 26
Le porridge plaid 28
Mon iced latte parfait 30
Contre-Soirée 32

11h

Tomates rôties au miel et burrata 38
Mes tartines salées 40
Bowl skyr, passion, granola 42
Le prosecco mimosa 44
Œufs brouillés (ou brouillons) épinards-chèvre 46
Œufs au plat 48
Œufs mouillettes 50
Pancakes flocons d'avoine 52
Ma compote en deux-deux 54
Routine sport 56

12h

Le dressage parfait 64
Toasts de patate douce 66
Le sandwich de poivron 68
Avocado toast de star 70
Le meilleur wrap 72
Toast sur rösti 74
Le burger de tomate 76
Green wrap 78

SOMMAIRE

13 h 30

Greek bowl 82
Veggie bowl 84
Ma César homemade 86
Bowl mangue-burrata 88
Tacos salade 90
Salade d'endives 92
Salade de pâtes de star 94
Salade de riz *but make it fancy* 96
Caponata de Mamissèle 98
Chinese chicken salad 100
Poke bowl à la maison 102
La tarte à la tomate de mon papa 106
La quiche du confinement 108

16 h

Smoothie green 112
Smoothies pink 112
Smoothie blue 116
Smoothie brown 116
Ma liste de courses 118

18 h

Tuna dip 126
Mon tzatziki maxi healthy 128
Pink houmous 130

19 h

Pornstar martini 136
Espresso martini 136
Le frozen daiquiri fraise 138
La marga de Jadou 140
La sangria de la famille 142
Amaretto sour de Kos 144
L'Aperol spritz parfait 146

SOMMAIRE

20h

Féculents 150
Saumon citron 152
Pois chiches en mode curry 154
Peanut butter chicken 156
Brocoli-feta 158
Carottes rôties 160
Garlic haricots verts 162
Les combinaisons 164
Gaspac'hoe 166
La soupe qui rend aimable 168
Butternut soup 170
Mhalabia de maman 172

23h

Shot Coca zéro 178
Shot mini marga 178
Shot Orgasm 179
Shot soleil 180
Shot Madeleine 181

2h

Le coquilloto de 'nduja et cheddar 184
Club sandwich mortadelle burrata et pesto de pistaches 186
Karaage poulet croustillant (adieu KFC) 188
Fakadillas (fausses quesadillas) 190

City guides 192

COMMEN-ÇONS PAR LE COMMEN-CEMENT

Je fixe ma page blanche depuis 30 minutes, et au moment où je décide de me lancer, je me demande comment ça s'écrit une introduction ? Ils font comment les autres ? Donc, je vais y aller en free-style et faire les choses à ma sauce, comme dans tout ce livre, et dans mon quotidien, d'ailleurs.

Pour commencer, dressons rapidement le tableau. Si vous lisez ce livre parce que vous me connaissez, je suis ravie de vous voir ici, après la vidéo, la photo, le podcast, on s'ouvre à l'écriture ! Je ne compte pas vous lâcher sur aucune plateforme ni aucun support !

En revanche, si vous ne me connaissez pas, je pense qu'il est nécessaire que je me présente. Je m'appelle Anna dans la vraie vie, @annarvr sur Instagram et YouTube, et j'anime un podcast hebdomadaire qui s'appelle *Contre-Soirée*. Une info primordiale à savoir est que je ne suis PAS cheffe et que je ne suis PAS non plus autrice ! Étonnant, vu le contexte.

Ce que je suis, par contre, c'est tout un tas de choses, à commencer par curieuse. Je l'ai toujours été, et c'est ce qui m'a poussée en 2012 à demander une caméra pour Noël et à filmer mes vacances. J'ai ensuite été curieuse de voir si je pouvais monter ces vidéos et y ajouter de la musique, puis curieuse de savoir si les internautes y seraient réceptifs. C'est la curiosité qui m'a guidée depuis dix ans sur les réseaux sociaux, qui a fait que j'ai eu envie d'essayer, d'aller vers la nouveauté, de rencontrer, de découvrir. Depuis dix ans, j'ai eu le temps de passer mon brevet, puis mon bac, de faire un master 2 en communication et événementiel, de construire une communauté, d'apprendre à être monteuse, cheffe de projet, cameraman, commerciale, community manageuse et podcasteuse, plus récemment.

Alors quand, il y a un an, j'ai été démarchée par mon éditrice pour écrire un livre, vous vous doutez que ma curiosité a de nouveau été piquée. Pour être honnête, je ne m'étais jamais visualisée dans le rôle de l'écrivaine. Mais à force de discussions, cette idée a fait son chemin dans mon esprit, et une question m'a envahie depuis : pourquoi pas ?

Ce que je suis en train de faire là (*aka* écrire une tonne de phrases sur une page ouverte de mon ordinateur), je le fais depuis toute petite. Dès que j'ai eu le droit d'utiliser un écran, j'ai passé des heures à écrire des histoires. Un peu comme des nouvelles, parce que je n'avais vraiment pas la force d'esprit ni l'imagination pour écrire des romans. J'ai fait par la suite une filière littéraire, ce qui m'a confirmé que j'adorais lire et écrire, mais des formats courts, des analyses, des dissert', des petites rédactions. J'ai tendance à vite me lasser, comme pour les *Sims*, je m'arrête toujours à la construction de la maison parce que j'ai déjà envie de passer à autre chose.

Donc, dans ma phase de réflexion, c'était décidé, je n'écrirais pas un roman. Je laisse cet exercice aux talents de ce monde dont c'est le métier, je tiens d'ailleurs à faire une dédicace à mon auteur préféré, Harlan Coben (que j'ai découvert grâce à mon grand-père), et qui, j'en suis sûre, lira ce livre pour se cuisiner un gaspac'hoe.

Je n'écrirai pas non plus une autobiographie, puisque j'ai le sentiment d'être au début de ma vie, et que le peu de vécu que j'ai, je le raconte dans mon podcast *Contre-Soirée*. Je préfère l'idée d'un journal de bord, qui nous permet à tous de naviguer dans la vie ensemble et de voir ce qu'il nous arrive en temps réel.

En réflexion continue, donc, et en recherche constante de légitimité, je me suis demandé de quoi j'étais assez fière pour en faire un livre.

La réponse m'est arrivée comme une évidence. Je suis fière de mon style de vie, de l'équilibre que j'ai réussi à créer à l'intérieur de moi, de cette dualité qui me représente au quotidien.

J'ai toujours été épicurienne, par le biais de mes proches qui adorent bien boire et bien manger. La cuisine est une passion familiale qui se transmet de génération en génération. J'ai

COMMENÇONS PAR LE COMMENCEMENT

toujours vu ma grand-mère, ma tante et ma mère cuisiner ensemble, les repas de Noël passés chaque année à trouver des huîtres encore plus délicieuses que celles de l'année précédente, les crêpes au beurre de ma Mamizo, et mon papa, les yeux pleins d'étoiles, en parlant d'un plat, d'un produit, d'un vin.

Mais durant ma vingtaine, j'ai été submergée par ce besoin de profiter des bonnes choses, dans l'excès. Je suis beaucoup sortie, j'ai fait la fête, j'ai pas beaucoup dormi et je me suis perdue dans ma relation avec la nourriture.

Et puis, en 2020, le Covid nous a tous frappés, isolés, et m'a obligée à me regarder dans le blanc des yeux. En étant confrontée à moi-même, sans aucune distraction, j'ai compris que j'avais besoin de toute urgence de me réaligner avec mes priorités et de trouver un équilibre. Il a mis du temps à arriver cet équilibre, j'ai d'abord été subjuguée par le pouvoir du sport sur ma santé mentale, donc j'en ai fait énormément. J'ai aussi découvert que, en quelques étapes simples, je pouvais me concocter des plats sains et délicieux qui m'apportaient autant de plaisir dans la dégustation que dans leur conception. Ma vie a tourné autour de ces deux principes pendant un moment, parfois un peu trop, et puis l'équilibre s'est installé.

J'ai réussi à trouver mon épanouissement dans le *running* autant que dans les terrasses, dans un bowl autant que dans un burger, dans les squats autant que dans les shots. J'ai réalisé qu'on n'était pas obligé d'être soit l'un, soit l'autre, que justement être les deux, c'est ce qui me permettait de me sentir bien sur le long terme.

COMMENÇONS PAR LE COMMENCEMENT

Je partage mon quotidien sur les réseaux sociaux depuis des années, et donc j'ai partagé cette évolution un peu naïvement, sans trop savoir que j'évoluais. Au fur et à mesure du temps, j'ai vu l'impact que ce style de vie avait sur ma communauté. J'ai la chance de pouvoir avoir un retour direct des gens qui me suivent, par le biais des DM Insta, notamment, et donc j'ai lu. J'ai lu que les gens de mon âge étaient soulagés de voir que sortir en boîte le samedi soir n'était pas contradictoire avec le fait de prendre un cours de boxe le lundi matin.

Qu'ils étaient aussi inspirés par le fait de me voir vivre seule et de me cuisiner des plats colorés, gourmands, sains, jolis. De voir l'importance que j'accordais à ce que je consommais à chaque heure de la journée, que ce soit un porridge à 9 heures, un smoothie à 15 heures ou un cocktail à 21 heures. *Happy hours*, quoi !

Donc, nous y voilà, j'ai pris mon courage à deux mains, j'ai décidé que OUI, j'étais légitime, et OUI, je pouvais écrire un livre pour montrer à quiconque en a besoin qu'on peut être fêtard, sportif, indépendant, entouré, extraverti, introverti, gourmand, sain, tout ça à la fois.

Happy hours, c'est mon mode de vie, mes recettes de *wannabe* cuistot, qui prennent rarement plus de 15 minutes, mais permettent de se régaler, en solo ou à plusieurs, mes séances de sport, mes shots préférés, mes pensées, mes restos favoris. Secouez le tout et ça devrait donner un joyeux mélange.

Merci d'avoir lu cette préface, tout mon respect et mes excuses aux chefs qui vont sûrement s'étouffer en lisant ce que je raconte par la suite, mais n'oubliez pas que je ne suis qu'une petite curieuse.

C'EST
PARTI
C'EST
PARTI
C'EST
PARTI

9h

ON SE RÉVEILLE

Porridge
charlotte aux fraises

Pour *One bitch*

Durée : 10 minutes

Niveau de difficulté : Détente

- 30 g de flocons d'avoine
- 1 verre de boisson végétale (soja vanille de préférence) ou de lait
- 2 ou 3 gouttes d'arôme vanille
- 1 poignée de fraises
- 1 carré de chocolat blanc

Tu verses 30 g de flocons d'avoine dans une casserole et tu recouvres pile de boisson végétale ou de lait (un petit verre). Tu laisses chauffer à feu doux, en mélangeant pendant environ 8 minutes, puis tu ajoutes l'arôme vanille sur la fin. Remue plus vivement quand le mélange bout.

Retire la casserole du feu quand le mélange est épais et crémeux. Tu le verses dans un bol, tu ajoutes ensuite tes fraises coupées en tranches et tu déposes ton carré de chocolat. Il va fondre et donner la meilleure texture possible pour un porridge crémeux, sucré et frais.

Porridge
piña colada

Pour *One bitch*

Durée : 10 minutes

Niveau de difficulté : Détente

- 30 g de flocons d'avoine
- 1 verre de boisson végétale (coco de préférence) ou de lait
- 2 cuil. à soupe de noix de coco râpée
- 1 cuil. à soupe de yaourt végétal coco
- Quelques morceaux d'ananas

Tu verses 30 g de flocons d'avoine dans une casserole et tu recouvres pile de boisson végétale ou de lait (un petit verre). Tu laisses chauffer à feu doux, en mélangeant pendant environ 8 minutes, puis tu ajoutes 1 cuil. à soupe de noix de coco râpée avant de retirer du feu.

Tu verses dans un bol et tu ajoutes ensuite ton topping : tu mets 1 cuil. à soupe bombée de yaourt coco uniformément étalée, tu saupoudres de 1 cuil. à soupe de coco râpée et tu finis par les morceaux d'ananas.

Porridge comm un Snickers®

Pour *One bitch*

Durée : 10 minutes

Niveau de difficulté : Détente

- 30 g de flocons d'avoine
- 1 verre de boisson végétale ou de lait
- 1 cuil. à soupe de cacao en poudre non sucré
- 1 banane
- 1 cuil. à café de beurre de cacahuète
- 1 poignée de cacahuètes

Tu verses 30 g de flocons d'avoine dans une casserole et tu recouvres pile de lait (un petit verre). Tu ajoutes ton cacao. Tu laisses chauffer à feu doux, en mélangeant pendant environ 8 minutes.

Tu verses ensuite dans un bol avec une banane joliment tranchée (pour l'esthétique, merci), du beurre de cacahuète qui va fondre doucement et quelques cacahuètes en topping pour l'aspect croquant.

Chef move :
Plutôt que de faire ton porridge à la casserole, tu mélanges les flocons d'avoine avec le lait (et ici le cacao en poudre) dans un petit bol, tu casses un œuf en supplément et tu ajoutes 1 cuil. à café de levure chimique. Tu passes tout ça au micro-ondes 2 minutes et, quand le bowlcake a l'air ferme, tu le démoules et tu dresses le topping (ça marche avec chaque recette).

Le porridge plaid

Pour les matins (voire les aprèms) où le ciel est gris et où on a du mal à sortir de son lit.

Pour *One bitch*

Durée : 15 minutes

Niveau de difficulté : Détente

- ½ pomme (marche aussi avec ½ poire)
- 2 cuil. à café de sirop d'érable
- 30 g de flocons d'avoine
- Un verre de boisson végétale (amande grillée de préférence) ou de lait
- 1 cuil. à café de cannelle en poudre
- 1 carré de chocolat noir
- 1 poignée de noix de pécan
- 1 filet de sirop d'érable

Tu commences par couper ta pomme en cubes et tu la fais revenir dans une casserole avec 1 cuil. à café de sirop d'érable. Une fois qu'elle est un peu caramélisée et bien chaude, tu la mets de côté.

Dans la même casserole, tu verses 30 g de flocons d'avoine que tu recouvres pile de boisson végétale ou de lait (un petit verre). Tu laisses chauffer à feu doux, en mélangeant pendant environ 8 minutes, puis tu ajoutes 1 cuil. à café de cannelle avant de retirer la casserole du feu. Déjà, là, ça sent hyper bon, normalement.

Ensuite, tu verses dans un bol et tu ajoutes ta pomme caramélisée (en cas de flemme ou d'une autre envie, une simple moitié de poire découpée marche aussi). Tu toppes avec le carré de chocolat qui va fondre divinement, les noix de pécan et un filet de sirop d'érable. C'est infiniment réconfortant, je promets.

Mon iced latte parfait

Après plusieurs années d'entraînement, je crois que je le tiens. En tout cas, je préfère le mien à celui de la grande chaîne avec comme logo une dame blanc et vert, là, vous savez...

Pour 1 café latte

Durée : 5 minutes

Niveau de difficulté : Les yeux fermés

- 1 grosse poignée de glaçons
- 80 ml de café (un double expresso)
- Une boisson végétale ou du lait (mon favori après des années de tests : la boisson végétale de coco)
- Besoin également d'un grand verre et d'une paille réutilisable

Dans un grand verre, tu verses tes glaçons pour qu'ils le remplissent aux trois quarts. Beaucoup de glaçons, c'est vraiment le secret. Ils permettent en plus de refroidir le verre pendant que tu fais ta tambouille.

Dans une tasse à café, tu fais couler ton double expresso. Pendant qu'il refroidit, tu verses ta boisson végétale ou ton lait dans le grand verre pour qu'il recouvre à peine les glaçons.

Tu ajoutes ensuite le café et tu mélanges avec ta paille avant de savourer.

Chef tip :
Tu peux, pour t'amuser, changer de lait, le faire mousser au mousseur avant de l'utiliser, ou aromatiser ton latte avec des sirops ou des arômes tels que vanille, caramel et tant d'autres.

CONTRE SOIRÉE CONTRE SOIRÉE

Une contre-soirée, c'est un moment passé isolé dans la cuisine alors que la fête bat son plein à côté, pour parler des vraies choses de la vie. C'est dans les contre-soirées que se tiennent les meilleures conversations, les plus intimes, celles où on prend le temps de s'étaler pour refaire le monde ou au moins le comprendre.

Contre-Soirée, c'est mon podcast, mais c'est aussi mon journal de bord, voire mon journal intime. J'y parle de mes expériences de vie, de mes réflexions, de ce que je partage avec les gens, de mes apprentissages.

Je vous propose donc une pause Contre-Soirée avec un épisode exclusif à l'écrit ! Est-ce un épisode ? Est-ce une dissertation ? Est-ce un brouillon ? Personne ne sait !

L'épisode du livre est consacré à un thème qui prend tout son sens ici : l'importance d'être tolérant envers soi-même. C'est là tout le message que j'essaie de faire passer, et c'est un *mood* que j'aimerais qu'on partage tous.

Pour commencer, j'aimerais préciser que la discipline est une valeur importante que je soutiens et que je considère. Je l'ai appris au fur et à mesure du temps : savoir se cadrer permet d'avancer de manière plus efficace, d'atteindre ses objectifs plus rapidement, d'être exemplaire et de tirer vers un mode de vie parfait.

En revanche, j'ai aussi découvert que « le mode de vie parfait » n'est parfait qu'un temps, et qu'ensuite il devient tyrannique, insupportable, ennuyeux, fade. J'enfonce une porte ouverte, mais nous sommes tous finalement des pauvres humains un peu démunis, essayant de trouver un sens à nos vies tout en gérant nos émotions, envies, pulsions, espoirs, déceptions, du mieux qu'on peut.

En ce qui me concerne, j'ai toujours été très dure avec moi-même, et je le suis encore, d'ailleurs. Je fais preuve d'un esprit critique et d'un cynisme extrême en ce qui concerne ma propre personne. Je suis ma pire *hater*, chaque projet que j'entame, chaque relation que je construis, est entravé par la petite voix dans ma tête qui me pousse à envisager le pire, à me dire que je ne suis pas assez. Bien qu'étant très exposée sur les réseaux, je n'ai jamais eu de commentaires aussi méchants que ceux que je me fais à moi-même. Dramatique pour une dame qui prône la confiance et le respect de soi !

Bah ouais, et ça, je l'ai compris pendant ma recherche d'équilibre. J'ai compris qu'il y avait un équilibre à avoir entre s'oublier et se martyriser. Je trouve important d'être exigeant envers soi-même, de vouloir le meilleur pour soi, mais je trouve aussi primordial d'être son premier fan, et surtout de se foutre la paix !

Se foutre la paix : c'est-à-dire ?

C'est un adage qui fonctionne dans tous les domaines de la vie, et particulièrement dans celui de l'alimentation, du sport et du rythme de vie.

Dans une société ou les diktats physiques sont proéminents (très stylée comme tournure de phrase, nan ?) et où la culture de la productivité ne fait que s'accroître, je trouve qu'il est primordial de se rappeler constamment que nous sommes des personnes et non des robots. Il est impossible de se programmer à la perfection et de tenir ce programme toute une vie. C'est aussi ça qui fait la magie du quotidien : chaque jour existe pour se découvrir, essayer de progresser, expérimenter de nouvelles sensations, du plaisir à la souffrance, pour se permettre d'échouer et de réussir.

En faisant un livre dans lequel tu peux trouver la recette du sandwich de poivron p. 68 et la recette du shot Orgasme p. 178, c'est ce que j'essaie de véhiculer. C'est OK d'avoir un jour envie de courir un marathon, puis le lendemain d'avoir plutôt envie de dormir 48 heures d'affilée. Nous sommes faits de dualités, de contrastes, de contradictions et d'imperfections. C'est pourquoi, selon moi, ces trois principes marchent dans les relations avec les autres, mais également dans notre relation avec nous-même :

- ✦ **S'écouter**
- ✦ **Se faire confiance**
- ✦ **Se pardonner**

Être tolérant avec soi-même, c'est juste accepter que ce soit la première fois qu'on expérimente la vie, et que donc ce soit normal de se rater, parfois. Le plus important est de le conscientiser et de faire de son mieux. Je suis loin d'être un génie et un psychologue, mais en tout cas c'est comme ça que je m'aligne avec ma conscience : je fais de mon mieux. J'auto-checke tout le temps que, peu importe la situation, j'ai fait du mieux que je pouvais.

Et si mon mieux n'était pas parfait, c'est vraiment pas grave ! *Qui va piano va sano**, comme on dit chez moi (en Italie, car oui j'ai des origines italiennes, mais personne ne me croit).

* « qui va doucement, va sainement »

contre
soirée

11h

BRUNCH TIME

Tomates
rôties au miel et burrata

Pour un plat à servir au brunch ou pour se régaler en solo. J'en profite pour glisser que j'ai des origines italiennes, même si personne ne me croit.

Pour *One bitch*

Durée : 20 minutes

Niveau de difficulté : Détente

- 1 cuil. à soupe d'huile d'olive
- 3 poignées de tomates cerise
- 1 cuil. à soupe de miel
- 1 burrata fraîche
- Velours de balsamique
- Basilic (facultatif)
- Sel

Fais chauffer 1 cuil. à soupe d'huile d'olive dans une poêle. Rince tes tomates.

Une fois l'huile bien (bien) chaude, mets-moi tout à feu doux et jette tes tomates cerise dans la poêle. Tu les laisses mijoter pendant 4 minutes en remuant de temps en temps pour qu'elles prennent bien l'huile d'olive.

Tu peux ensuite les écraser très légèrement avec le dos d'une fourchette pour qu'elles libèrent du jus et cuisent bien. Encore 3 minutes et tu ajoutes une grosse pincée de sel et 1 cuil. à soupe de miel.

Tu baisses un peu le feu et tu mélanges régulièrement pendant encore 10 minutes.

C'est très saccadé tout ça, mais ensuite c'est fini, tu retires du feu, tu places dans une assiette, tu sers avec une burrata fraîche et tu ajoutes un *drizzle* de velours de balsamique et de miel, si tu AIMES le sucré-salé… Et si tu es vraiment un *kiffeur*, tu finalises avec un peu de basilic du potager. J'ai plus de mots tellement c'est exquis, je m'arrête de parler.

Mes tartines salées

Ça change de la beurre- confiture.

Pour *One bitch*

Durée : 10 minutes

Niveau de difficulté : Détente (être à l'aise avec un couteau)

- 2 belles tranches de baguette

Pour la première tartine :

- 1 cuil. à soupe de houmous
- 3 tranches de tomate
- 1 rondelle d'oignon rouge
- Quelques brins d'aneth
- Gros sel, poivre du moulin

Pour la deuxième tartine :

- 1 cuil. à soupe de fromage frais (ou de skyr)
- ½ avocat en tranches
- Quelques brins d'aneth
- 1 splash de jus de citron
- Gros sel, poivre du moulin

Tu fais ça en deux-deux et tu te régales au brunch. L'étape primordiale est de griller la baguette, moi j'aime le faire à la poêle avec un peu d'huile d'olive, en toastant 2 minutes de chaque côté. Si tu as un grille-pain, utilise cette technologie rapide et efficace.

Ensuite, pour chaque tranche de baguette, tu TARTINES ta base (houmous ou fromage frais), tu toppes avec tes légumes finement tranchés et tu assaisonnes. C'est pas sorcier, il me semble, et c'est délicieux.

Bowl skyr, passion, granola

Le niveau de difficulté, c'est « les yeux fermés », mais je pense que tu peux même le faire en dormant.

Pour *One bitch*

Durée : 5 minutes

Niveau de difficulté : Les yeux fermés

- 140 g de skyr
- 1 cuil. à café de sirop d'agave
- ½ fruit de la Passion
- 1 cuil. à soupe bombée de granola

C'est tellement exquis et tellement simple... Tu mélanges le skyr et le sirop d'agave dans un bol, tu coupes ton fruit de la Passion en deux et tu mets le contenu d'une moitié dans ton bol sur un côté. Sur l'autre côté, tu toppes avec le granola. Voilà. C'est tout. Mange et dis-moi.

Chef tip :
Mets ton bol avec juste le skyr et le sirop d'agave au congélateur pendant 30 minutes pour un effet frozen yogurt, encore plus sympa en été pour le goûter.

Pour 1 verre

Durée : 2 minutes

Niveau de difficulté : Les yeux fermés

- 4 cl de jus d'orange
- 8 cl de prosecco

Tu verses le jus d'orange dans une flûte et tu ajoutes le prosecco. Pour aller plus vite, ne mets que le prosecco. C'est ce que je fais une fois sur deux. Fin de la recette.

Chef tip :
Si tu te sens *fancy*, c'est top avec une fraise coupée en deux et posée sur le rebord du verre, ou une branche de thym.

Le prosecco mimosa

Pour transformer n'importe quel brunch en beuverie, en un claquement de doigts.

Pour *One bitch*

Durée : 10 minutes

Niveau de difficulté : Détente

- Huile d'olive
- 2 poignées d'épinards
- 3 œufs
- 2 tranches de bûche de chèvre ou un petit morceau de chèvre frais (à ta guise, selon ta gourmandise)
- Sel, poivre, ail semoule

Fais chauffer une poêle à feu moyen avec 1 cuil. à soupe d'huile d'olive. Une fois l'huile chaude, fais revenir 2 poignées d'épinards frais jusqu'à ce qu'ils réduisent (et Dieu sait qu'ils réduisent, purée), environ 5 minutes.

Pendant ce temps, dans un récipient, tu casses tes 3 œufs et tu les mélanges avec 2 grosses pincées de poivre, sel et ail semoule pour obtenir une texture grossièrement homogène.

À partir de ce moment, tout se joue très vite : tu verses tes œufs sur tes épinards, et dès que les bords commencent à prendre, tu les pousses au centre avec une spatule pour casser les œufs et créer de la matière. Tu fais ça tout autour de ta poêle (de manière un peu brusque, comme moi, pour créer ce côté brouillé) pendant environ 45 secondes, jusqu'à ce que tes œufs soient cuits, mais encore un peu mouillés.

Tu isoles ensuite la poêle du feu, tu ajoutes le chèvre, tu attends qu'il fonde juste une dernière petite minute, et tu sers !

Œufs brouillés

(ou brouillons) épinards-chèvre

Œufs au plat

J'ai failli les appeler les œufs au parc parce qu'ils sont servis avec plein d'herbes, mais j'ai trouvé le niveau très bas.

Pour *One bitch*

Durée : 10 minutes

Niveau de difficulté : Les yeux fermés

- 3 brins de coriandre, de persil et de menthe
- 1 poignée d'amandes effilées
- Le jus de ½ citron
- Huile d'olive
- 2 œufs
- Sel, poivre

Tu cisèles toutes les herbes dans un saladier, tu ajoutes les amandes, tu presses le jus de ton ½ citron, tu finis avec un filet d'huile d'olive et tu mélanges.

On passe aux œufs : tu fais chauffer une poêle à feu moyen avec un filet d'huile et, quand elle est bien chaude, tu y casses tes œufs, tu assaisonnes de sel et de poivre, et tu cuis environ 4 minutes.

On finit avec le dressage : tu disposes tes œufs dans l'assiette et tu parsèmes de ta salade d'herbes fraîches.

Pour *One bitch*

Durée : 10 minutes

Niveau de difficulté : Détente

- 2 œufs
- 1 tranche de pain de campagne
- Un peu de beurre salé

Simple comme bonjour, et efficace et réconfortant : tu fais bouillir de l'eau dans une casserole, et le chef move que je te glisse est d'ajouter une goutte de vinaigre pour réussir la cuisson. Si tu conserves tes œufs au frigo, tu les plonges 5 minutes dans l'eau bouillante, et si tu les conserves à température ambiante, 4 minutes 30. Puis tu croises les doigts pour que la cuisson soit parfaite.

En attendant, tu toastes ton pain, tu le tartines de beurre salé et tu le tranches pour faire des mouillettes (moins galère de couper une fois le pain grillé).

Tu mets ton œuf dans un coquetier (ou dans un verre à shot si tu n'en as pas, eh eh), tu casses le dessus et tu te régales.

Chef tip :
Pour une version *nasty*, tu peux te couper un morceau de fromage de ton choix (comté, emmental, chèvre) et le faire fondre sur ton pain pencant qu'il toaste à la poêle.

Œufs mouillettes

Pancakes
flocons d'avoine

Pour *One bitch*

Durée : 10 minutes

Niveau de difficulté : Détente

- 1 banane bien mûre
- 1 œuf
- 30 g de flocons d'avoine
- Cannelle en poudre (facultatif)
- Huile neutre ou de coco
- Les toppings de ton choix

Dans un bol, tu commences par écraser ta banane pour former une compotée. Tu ajoutes un œuf, tu mélanges, puis tu verses les flocons d'avoine, tu mélanges encore. Tu ajoutes une pincée de cannelle en poudre, si tu aimes.

Là, deux chemins s'offrent à toi : si tu vis dans le luxe, tu passes ton mélange au mixeur. Sinon, tu mélanges vraiment bien, et ça ira. Moi, j'aime les deux.

Tu fais ensuite chauffer une poêle à feu moyen avec un peu de matière grasse (huile de coco, huile neutre...). Patience, tu attends que la poêle soit BIEN chaude.

Tu disposes ensuite 1 cuil. à café du mélange au centre, tu attends environ 1 minute et tu le retournes quand des petites bulles apparaissent et que tu sens que le pancake se tient 20 secondes de l'autre côté, et c'est bon.

Tu recommences jusqu'à avoir plein de petits pancakes (environ 5) et tu ajoutes tes toppings. Attention, la liste est longue, à ta guise : miel, sirop d'agave, beurre de cacahuète, fruits de saison (myrtilles, poire, framboises, fraises...).

Ma **compote** en deux-deux

Pour 2 parts (une à déguster chaude et une à mettre au frais pour le lendemain)

Durée : 35 minutes

Niveau de difficulté : Les yeux fermés

- 4 pommes (idéalement Chanteclerc ou n'importe quelle pomme pas trop acide, marche très bien avec les pommes en fin de vie)
- 2 verres d'eau
- Cannelle en poudre
- Extrait de vanille (facultatif)

Épluche bien les pommes et coupe-les en petits morceaux égaux pour que tout cuise uniformément (c'est la partie la plus reloue de la recette).

Une fois la découpe faite, tu mets dans une casserole tes pommes avec deux verres d'eau, pour que l'eau les recouvre presque, tu allumes le feu et tu attends 25 minutes qu'elles deviennent fondantes.

En attendant, tu peux écouter un épisode de Contre-Soirée. N'oublie pas, cependant, de mélanger régulièrement et de baisser un peu le feu sur la fin.

Quand toute l'eau s'est évaporée et que tes pommes s'écrasent toutes seules, tu retires du feu et tu ajoutes à ta convenance 1 cuil. à café de cannelle, de l'extrait de vanille, etc.

À déguster chaud avec une belle boule de glace pour le côté gourmand ou une grosse cuillère de skyr pour le côté *fit* (et froid le lendemain, c'est encore meilleur). Ça réconforte immédiatement.

ROUTINE
SPORT
ROUTINE
SPORT
ROUTINE
SPORT

METAL
180
METAL

Je suis inscrite en salle de sport depuis des années, mais pendant le Covid j'ai vraiment DÉCOUVERT le sport, et c'est devenu une vraie passion ! Depuis trois ans, je fais environ trois séances par semaine, et depuis un moment je trouve plus de plaisir dans l'état d'esprit que m'apporte un *workout* plutôt que dans les résultats. Évidemment, j'aime me sentir tonique et savoir que j'ai de la force et de l'endurance, mais surtout les bienfaits du sport sur mon état mental sont impressionnants. C'est devenu un exutoire, un moyen de me remonter le moral, de me donner confiance en me dépassant.

Séances *treadmill*

À la salle, je suis un peu timide, étonnamment, et donc le tapis de course est vraiment ma *safe place*. J'ai deux *workouts* particuliers que j'adore, qui ont fait leurs preuves et qui m'apportent chacun une satisfaction différente.

Le 5/12/30

Il m'a rendu célèbre dans la Fit Community en 2020, puisque j'ai beaucoup communiqué dessus alors qu'il n'était pas encore connu en France. Je l'ai tout bonnement copié sur @laurengiraldo qui l'appelle le 12/3/30 (équivalent américain). C'est de la marche inclinée pendant 30 minutes, et j'adore le faire avec un podcast dans les oreilles, quand je suis en mode *Pinterest Girl*, que j'ai envie de faire un effort mais de rester calme.

Les réglages sur le tapis : vitesse 5 km/h, 12 % d'inclinaison, pendant 30 minutes.

Le *workout* des barjos (fractionné)

Mon favori de tous les temps, celui-ci en revanche n'est absolument pas calme. Je sors la carte fractionné quand j'ai besoin de me défouler. J'ai même une *playlist* qui s'appelle « Beast mode » composée de bass house, et là, je libère les lions…

- 10 min de marche inclinée (vitesse 5 km/h, pente 10 %)
- 10 min de course fractionnée (30 s vitesse 15-16 km/h, 30 s de pause sur le côté de la machine ou de jogg à 7 km/h, 10 fois d'affilée)
- 10 min de marche (vitesse 5 km/h)

Séances machines

J'ai été accompagnée d'un coach pendant six mois, il m'a appris plein de choses et apporté de l'aisance sur les machines, où j'avais hyper peur d'aller seule, de base. Je vous propose donc deux séances à faire pour du renforcement musculaire. Pour chaque séance, la charge est à adapter selon vos capacités.

Précision :
Ces séances sont super à faire en salle de sport, mais je recommande aussi d'expérimenter un cours de boxe, de Pilates, de yoga, pour savoir ce qui te correspond. Et la simplicité a parfois du bon : un footing dans la nature, un *workout* dans ton salon en t'aidant des dizaines de vidéos YouTube qualitatives à dispo gratuitement, de la corde à sauter dans ton jardin, une marche rapide en ville...

Bas du corps

- Échauffement : 5 min d'escalier, vitesse 6, puis 8, puis 10
- Presse à cuisse (ce nom, *help*) : 5 séries de 15 répétitions (donc 5 x 15)
- *Hip thrust* : 5 séries de 8 répétitions (donc 5 x 8)
- Fentes arrière avec des poids : 4 séries de 10 répétitions (donc 4 x 10)
- Squats sautés : 4 séries de 10 répétitions (donc 4 x 10)

Full body au poids du corps

Échauffement :
10 min de vélo/elliptique

Chaque exercice est à faire pendant 40 s, puis pause de 20 s, tu as juste besoin d'un tapis.

- Squats sautés
- Fentes sautées
- *Russian twist*
- Planche
- *Moutain climber*

x 4 (1 minute de repos entre chaque série)

PINKSODASPORT

12h

SUR LE POUCE

Rien ne me satisfait autant qu'une table bien dressée pour passer un moment spécial. Il m'est arrivé de forcer mes copains à me laisser imaginer et construire la table, notamment au jour de l'an, parce que j'ai un sens du détail très précis qui fait que je peux ou non considérer une tablée chaleureuse et accueillante. Voici les petits trucs qui font tout pour moi :

1. Des assiettes symétriques mais colorées.

2. Je sais jamais si la fourchette va à gauche et le couteau à droite, ou l'inverse, donc je mets tout du même côté.

3. Verre à eau, verre à vin et verre à shot.

4. Des fleurs pour ajouter de la vie.

5. Des bougies pour ajouter de l'ambiance.

6. Une belle carafe d'eau pour *stay hydrated.*

7. Des détails colorés et originaux.

Toasts
de patate douce

Pour 2 personnes

Durée : 20 minutes

Niveau de difficulté : Détente

- 1 patate douce
- Huile d'olive
- 100 g de ricotta
- Le zeste de 1 citron
- Piment d'Espelette
- 2 figues fraîches ou séchées
- Un peu de ciboulette
- Sel, poivre

Tu épluches ta patate douce et tu la découpes dans le sens de la longueur. Tu préchauffes ton four à 180 °C (th. 6).

Tu badigeonnes tes tranches de patate douce d'huile d'olive, tu ajoutes du sel et du poivre, tu les places sur une plaque de cuisson et tu enfournes 15 minutes environ (sur chaleur tournante).

Pendant la cuisson, tu prépares une crème de ricotta. Tu mélanges la ricotta avec du zeste de citron, du sel, un filet d'huile d'olive et une pointe de piment d'Espelette.

Tu découpes tes figues, puis, sur tes tranches de patate douce, tu badigeonnes de ricotta, tu mets les figues et tu toppes avec la ciboulette ciselée.

Le Sandwich de poivron

Poivron is the new pain.

Pour 1 sandwich

Durée : 10 minutes

Niveau de difficulté : Détente

- 1 poivron
- 4 cuil. à soupe de fromage frais
- 2 cuil. à soupe de moutarde à l'ancienne
- 1 cuil. à café de miel
- 1 poignée d'épinards frais
- 2 tranches de blanc de poulet
- ½ avocat

Pour commencer, tu découpes proprement ton poivron en deux dans le sens de la longueur, tu le vides, tu coupes la tête, et voilà : ta base de sandwich est prête.

Tu prépares ensuite un mélange fromage frais, moutarde et miel.

Notre travail va ensuite être de l'empilage : dans chaque moitié de poivron, tu étales une belle quantité de ton mélange à base de fromage frais, puis tu tapisses de feuilles d'épinards, d'une tranche de blanc de poulet et tu finis avec des lamelles d'avocat.

Tu peux ensuite refermer tes deux moitiés pour former un beau sandwich, ou manger chaque moitié comme un toast (se consomme difficilement en *date* car un peu *dirty* à manger).

Chef tip :
Pour une version deluxe, tu peux remplacer le blanc de poulet par du jambon truffé, et l'avocat par du comté.

Avocado toast de star

Un classique des petits déj', brunchs et déj', mais amélioré en deux temps trois mouvements (les pickles d'oignons changent la donne).

Pour 1 toast

Durée : 15 minutes

Niveau de difficulté : Détente

- Une grosse tranche de pain de campagne
- Huile d'olive
- ½ avocat
- 50 g de feta
- Fleur de sel, poivre (facultatif)

Pour les pickles d'oignon :

- ½ oignon rouge
- Le jus de 1 citron
- 1 cuil. à café de sucre en poudre
- 1 verre d'eau

Pour faire tes pickles d'oignon : tu épluches et émınces ton oignon en pétales (lamelles, tranches) et tu les fais bouillir dans une casserole pendant 2 minutes. Tu les égouttes puis les passes sous l'eau froide.

Tu vas préparer un mélange jus de citron, sucre et eau.
Tu verses ensuite ce mélange sur tes oignons cuits. C'est prêt !

En ce qui concerne le toast : tu grilles ta tranche de pain, ma préférence c'est à la poêle, avec un peu d'huile d'olive. Tu coupes ensuite ton avocat en lamelles, tu le disposes sur ton toast, tu émiettes la feta par-dessus et tu toppes avec les oignons pickles. Tu peux ajouter de la fleur de sel et du poivre.

Chef tip :
Tu peux conserver tes pickles dans un bocal pendant environ 3 semaines si tu veux en consommer plus tard.

Le meilleur wrap

Frais, rapide, pratique, délicieux = le meilleur.

Pour 1 gros wrap

Durée : 10 minutes

Niveau de difficulté : Détente

- 2 cuil. à soupe de fromage frais (fonctionne aussi avec du skyr)
- Le jus et le zeste de ½ citron
- 2 brins d'aneth
- Un peu de ciboulette
- 1 filet d'huile d'olive
- Ail en poudre
- 1 wrap (au blé normal ou complet)
- ¼ de concombre
- ¼ d'oignon rouge
- 2 tranches de saumon fumé ou 2 tranches de blanc de dinde
- ½ avocat
- Sel, poivre

Tu prépares ta crème de fromage frais ou de skyr en le mélangeant avec le jus de citron, l'aneth et la ciboulette ciselés, un filet d'huile d'olive, le sel, le poivre et l'ail en poudre. Tu peux même récupérer les zestes de ton ½ citron et l'ajouter au mélange. Tu en tartines ensuite généreusement ton wrap.

Tu découpes le concombre en tranches dans le sens de la longueur et l'oignon rouge en fines lamelles, et tu dresses en commençant par les tranches de concombre, puis celles de saumon fumé ou de dinde, et tu finis avec l'avocat et l'oignon rouge.

Tu le roules, tu peux le sécuriser avec un cure-dents et le couper en deux, puis tu te régales (et il est super à emporter) !

Toast
sur rösti

Ils en mettent plein la vue pour très peu d'efforts.

Pour 1 plat

Durée : 15 minutes

Niveau de difficulté : Détente

- 2 pommes de terre
- ½ oignon jaune
- 1 œuf
- Huile d'olive
- ¼ de concombre
- 2 tranches de saumon fumé
- 3 poignées de salade de votre choix (j'aime la roquette)
- 2 cuil. à soupe de skyr
- Un peu de ciboulette
- 1 filet de velours balsamique
- Un peu de jus de citron
- Sel, poivre

Épluche tes pommes de terre et ton oignon, puis râpe-les. Dans un saladier, mélange-les avec l'œuf, du sel et du poivre.

Tu fais ensuite chauffer une poêle avec un filet d'huile d'olive et tu formes des petites galettes avec ta préparation. Tu les mets dans la poêle, tu les retournes de temps en temps, puis tu les retires du feu quand elles sont bien dorées.

Découpe des fines rondelles de concombre et des morceaux égaux de saumon, et passe au dressage !

Dans une assiette creuse, dispose ta salade, puis prépare tes toasts : sur les röstis, tu mets le skyr mélangé à la ciboulette, tu disposes en fleur tes rondelles de concombre, puis le saumon fumé. Tu peux ensuite finaliser avec un trait de velours balsamique et un peu de jus de citron.

Chef tip :
Pour plus de gourmandise, tu peux ajouter 2 œufs mollets sur les toasts.

Le burger
de tomate

Une fois, j'ai posté le résultat de cette recette sur Instagram et tout le monde m'a demandé l'adresse du resto...

Pour 1 burger

Durée : 15 minutes

Niveau de difficulté : Détente

- Une belle tomate (cœur-de-bœuf +++)
- Huile d'olive
- 1 steak végétal ou de bœuf
- 2 tranches de halloumi
- Roquette (pour accompagner)
- Velours de balsamique (pour accompagner)
- Fleur de sel, poivre du moulin

Pour le pesto de roquette :

- 2 poignées de roquette
- 1 gousse d'ail pelée
- 1 cuil. à soupe d'huile d'olive
- Sel, poivre

Tu commences par tailler deux belles tranches égales et symétriques dans ta tomate. Elles seront l'équivalent de ton pain. Tu mets le reste de côté pour ta salade d'accompagnement.

Tu prépares ensuite ton pesto en 2 minutes : tu mets tous les ingrédients dans ton blender et tu mixes.

Fais ensuite chauffer une poêle avec un peu d'huile d'olive et tu y cuis ton steak en aller-retour, pour qu'il soit bien grillé à l'extérieur mais fondant et saignant à l'intérieur, donc environ 2 minutes de chaque côté. Tu réserves et tu grilles tes tranches de halloumi dans la même poêle, jusqu'à ce qu'elles soient bien dorées des deux côtés.

Tu dresses ensuite en empilant une tranche de tomate, une couche de pesto de roquette, ton steak, une autre couche de pesto, le halloumi, puis tu refermes avec la seconde tranche de tomate.

Si tu aimes, mets un coup de moulin à poivre et de la fleur de sel sur la tranche du dessus.

Tu peux utiliser le reste des tomates et de la roquette pour faire une petite salade d'accompagnement rapide, en assaisonnant avec un filet de velours de balsamique.

Green
wrap

Pour 1 personne

Durée : 20 minutes

Niveau de difficulté :
Concentré/10

Pour le wrap :

- 2 œufs
- 1 poignée d'épinards frais
- Huile d'olive

Pour le filling :

- 1 cuil. à café de pesto
- 2 feuilles de basilic frais
- 1 tomate
- ½ avocat
- Velours de balsamique
- Sel, poivre

Dans un blender ou un mixeur, tu mets tes 2 œufs sans les coquilles et ta grosse poignée d'épinards, et tu MIXES, MIXES, MIXES jusqu'à l'obtention d'une texture lisse et uniforme.

Tu fais chauffer un filet d'huile d'olive dans une grande poêle (idéalement à crêpes) et tu fais cuire ta « pâte » jusqu'à ce que le wrap soit bien constitué, environ 3 minutes sur la première face, puis, après l'avoir retourné avec une spatule, 30 secondes sur la deuxième pour obtenir une couleur verte bien vive.

Tu places ton wrap dans une assiette et, pendant qu'il refroidit, tu coupes tous tes fillings.

On passe au dressage :
tu tartines le côté du wrap le plus foncé de pesto et tu disposes tes légumes de manière esthétique pour te donner envie de manger ;) Tu plies, tu toppes d'un filet de velours de balsamique, de sel et de poivre, et bon app'.

13

LATE LUNCH

h30

Greek
bowl

Pour *One bitch*

Durée : 10 minutes

Niveau de difficulté : Les yeux fermés

- 100 g de tomates cerise
- ⅓ de concombre
- ⅓ d'oignon rouge
- 1 poignée d'olives noires dénoyautées
- 70 g de feta
- Petites graines de courge, tournesol, cranberry (facultatif, en topping)
- Sel, poivre, huile d'olive, jus de citron

Tu coupes tous tes légumes. Pour le concombre, tu peux décider de l'éplucher et de racler l'intérieur ou non (moi, je garde tout).

Tu mets tout ça dans un joli bol, tu émiettes ta feta par-dessus et tu finis par l'assaisonnement et tes toppings.

Pour *One bitch*

Durée : 30 minutes

Niveau de difficulté : Détente

- 100 g de quinoa
- Quelques têtes de brocoli
- ½ patate douce
- Ail en poudre
- Huile d'olive
- ¼ de grenade (ou 1 poignée de cranberries ou d'abricots secs)
- 1 poignée de noisettes
- Sel, poivre

Pour la vinaigrette :

- 1 cuil. à soupe de moutarde à l'ancienne
- 1 cuil. à café de sirop d'érable (ou de miel)
- 1 cuil. à soupe de vinaigre de cidre
- 1 cuil. à soupe d'huile neutre (tournesol, pépins de raisin...)

Tu cuis ton quinoa dans de l'eau bouillante salée, pendant 12 minutes. Tu l'égouttes et tu le mets de côté.

Préchauffe ton four à 180 °C (th. 6), sur chaleur tournante.

Tu coupes tes têtes de brocoli en petits bouquets, tu épluches ta patate douce et tu la coupes en cubes. Tu mets le tout dans un plat, tu assaisonnes de sel, de poivre, d'ail en poudre et d'huile d'olive et tu enfournes 20 minutes.

Tu prépares la vinaigrette en mélangeant tous les ingrédients.

Tu dresses ensuite joliment tous tes légumes, ainsi que la grenade et les noisettes, dans une assiette creuse et tu verses la vinaigrette dessus.

Veggie bowl

Ma César
homemade

Je me suis autoproclamée reine des salades César depuis des années, si un jour on va déjeuner ensemble je mangerai une César ; à mon mariage, j'aimerais qu'on serve une César ; à tout moment du jour et de la nuit, je pense à la César.

Pour *One bitch*

Durée : 15 minutes

Niveau de difficulté : Détente

- 1 filet de poulet
- 1 morceau de pain
- 2 poignées de salade de ton choix (ma préférée, c'est la romaine)
- Quelques copeaux de parmesan

Pour la marinade du poulet (facultatif) :

- Huile d'olive
- Paprika
- Ail en poudre

Pour la sauce :

- 1 œuf
- 1 cuil. à soupe de moutarde
- 1 cuil. à café de câpres
- 1 cuil. à soupe de parmesan (râpé ou en copeaux, ce que tu as)
- 1 filet d'huile d'olive
- Sel, poivre

Pour faire ta sauce : munis-toi d'un blender. Tu fais bouillir une casserole d'eau et tu y plonges ton œuf pendant 4 minutes 30. Ensuite, tu l'écales (ça veut dire enlever la coquille).

Dans ton blender, tu mets tous les ingrédients et tu mixes. L'absence d'anchois est volontaire, mais si tu adores, tu peux en ajouter. Ta sauce est prête.

Pour la salade : pour un côté plus pimpé, tu peux faire mariner ton filet de poulet coupé en cubes dans un mélange d'huile d'olive, paprika et ail en poudre, pendant environ 10 minutes. Tu le cuis dans une poêle chaude pendant environ 6 à 7 minutes, jusqu'à ce qu'il soit bien doré.

Pendant qu'il refroidit, tu prépares tes croûtons en coupant ton morceau de pain en petits cubes. Tu peux ensuite les faire griller au four pendant 5 minutes à 190 °C (th. 6-7), au grille-pain ou à la poêle.

Tu mélanges ta salade avec la sauce, tu dresses en la disposant dans un bol, tu ajoutes le poulet grillé, les croûtons et les copeaux de parmesan.

Pour *One bitch*

Durée : 10 minutes

Niveau de difficulté : Détente

- 100 g de boulgour
- ½ mangue
- ½ avocat
- ½ burrata (ou la totalité si tu es gourmand)
- Vinaigre balsamique
- Huile d'olive
- Fleur de sel, poivre

Tu commences par cuire le boulgour dans de l'eau bouillante salée pendant 12 minutes. Tu l'égouttes et tu le laisses refroidir.

Tout le travail de cette recette se joue dans la découpe de la mangue et de l'avocat, que tu tranches très finement.

Pour le dressage, tu crées ta base de boulgour et tu disposes ensuite l'avocat et la mangue en alternant une tranche de chaque. Tu déposes ta burrata par-dessus, tu assaisonnes, et c'est prêt.

Bowl mangue-burrata

Un petit twist de la classique tomate-burrata (bien que délicieuse), ma version favorite pour son côté sucré-salé.

Tacos
salade

Un genre de tacos mexicains mais dans un bol et revisité à ma sauce.

Pour *One bitch*

Durée : 15 minutes

Niveau de difficulté : Détente

- 1 filet de poulet
- Paprika
- Ail en poudre
- Cumin
- Concentré de tomate
- Quelques tomates cerise
- ½ avocat
- 70 g de haricots rouges (en conserve)
- 70 g de maïs (en conserve)

Pour la sauce :

- 2 cuil. à soupe de skyr (ou yaourt grec ou fromage blanc)
- Le jus de ½ citron
- 1 filet d'huile d'olive
- Sel, poivre

Chef tip :
Un filet de sriracha pour ajouter du *SPICE* !!!

Tu fais bouillir de l'eau dans une casserole et tu poches ton poulet pendant environ 7 minutes. Une fois qu'il est cuit, tu l'effiloches à la main et tu y ajoutes les épices et le concentré de tomate, puis tu mélanges.

Tu coupes les tomates cerise en deux et l'avocat en morceaux, et tu dresses tous tes ingrédients dans une assiette.

Pour la sauce, tu mélanges le skyr, le jus de citron, l'huile d'olive, le sel et le poivre. Tu disposes ta sauce au milieu de ton assiette, et tu peux finir le dressage par un trait de sriracha.

Salade
d'endives

Pour *One bitch*

Durée : 10 minutes

Niveau de difficulté : Les yeux fermés

- 1 endive
- ½ pomme (une granny pour le côté acidulé, Pink Lady pour un côté plus sweet)
- Un morceau de fromage bleu (roquefort, bleu d'Auvergne…)
- 2 tranches de jambon cru

Pour la sauce :

- 2 cuil. à soupe de vinaigre balsamique
- 1 cuil. à café de moutarde à l'ancienne
- 1 filet d'huile d'olive
- Crème de balsamique
- Sel, poivre

C'est simple comme bonjour : tu prépares ta sauce en mélangeant le vinaigre balsamique, la moutarde et l'huile d'olive avec du sel et du poivre.

Tu coupes tous les ingrédients, tu mélanges avec la sauce dans ton bol et tu toppes avec un beau filet de crème de balsamique.

Chef tip :
Pour changer la recette de temps en temps, tu peux y ajouter des graines (tournesol, courge, noisettes) et des oignons crispy.

Salade
de pâtes de star

Un classique qui ne déçoit jamais.

Pour *One bitch*

Durée : 15 minutes

Niveau de difficulté : Détente

- 100 g d'orecchiettes
- Quelques tomates séchées
- 70 g de billes de mozzarella

Pour le pesto :

- 1 bouquet de basilic
- 1 gousse d'ail
- 1 cuil. à soupe d'huile d'olive
- Sel, poivre

Tu cuis les pâtes 8 minutes dans une casserole d'eau bouillante salée, puis tu les égouttes et tu les mets de côté.

On passe au pesto, le plus gros de la recette : tu effeuilles ton bouquet de basilic (tu peux garder quelques feuilles pour la déco), tu le mets dans le blender avec l'ail pelé, l'huile d'olive, le sel et le poivre, et tu mixes.

Tu émінces tes tomates séchées, tu mélanges ton pesto dans tes pâtes cuites, tu disposes ensuite dans ton assiette et tu ajoutes tes tomates séchées, la mozza et les feuilles de basilic réservées.

Pour *One bitch*

Durée : 15 minutes

Niveau de difficulté : Détente

- 100 g de riz blanc
- 1 œuf
- ¼ de concombre
- Quelques tomates cerise
- ½ citron confit
- Quelques radis
- 70 g de maïs
- 1 boîte de thon
- Huile d'olive
- Sel, poivre du moulin

Tu cuis ton riz dans de l'eau bouillante salée pendant 10 minutes. Tu l'égouttes et tu le mets de côté.

Tu cuis ensuite ton œuf pour que le jaune soit crémeux : la cuisson, c'est 7 minutes dans l'eau bouillante.

Tu découpes le concombre, les tomates et le citron confit en cubes, et le radis en fines tranches.

Tu mélanges tes légumes et le thon égoutté et émietté avec le riz cuit, tu disposes ensuite dans un plat, tu déposes l'œuf coupé en deux sur le dessus et tu assaisonnes.

Salade

de riz but make it fancy

Comme la salade de riz que nos parents faisaient pour les pique-niques ou les cousinades, mais upgradée (super pratique à faire en augmentant les quantités pour un repas entre potes en vacances).

Caponata
de Mamissèle

Ma salade préférée au monde entier, mon péché mignon, que ma Mamissele, ma grand-mère, m'a fait découvrir.

Pour 6 personnes (parfait pour les grandes réunions, sinon tu splittes en deux ou en trois)

Durée : 40 minutes (+ temps de refroidissement)

Niveau de difficulté : Concentré/10

- 4 aubergines
- 2 poivrons rouges
- 2 branches de céleri
- 2 oignons jaunes
- 2 tomates
- 6 cuil. à soupe d'huile d'olive
- 5 cl de vinaigre de vin
- 1 cuil. à soupe de sucre en poudre
- 40 g de câpres
- 100 g d'olives vertes dénoyautées
- 30 g de pignons de pin
- 50 g de raisins secs
- 1 bouquet de basilic
- Sel, poivre

Tu coupes les aubergines, les poivrons et le céleri en petits dés. La taille des morceaux est importante dans cette recette : il faut qu'ils soient petits pour que tout s'harmonise parfaitement. Épluche et hache tes oignons.

Dans une casserole d'eau bouillante, ébouillante les tomates quelques secondes, puis épluche-les et coupe-les en petits morceaux.

Dans une grande poêle, fais chauffer 4 cuil. à soupe d'huile d'olive et fais revenir les aubergines et les poivrons pendant 15 minutes. Tu mets de côté et, dans la même poêle, tu fais fondre les oignons dans 2 cuil. à soupe d'huile d'olive, puis tu ajoutes le céleri, les tomates, et tu fais revenir 10 minutes à feu doux.

Tu remets tes aubergines et tes poivrons, tu sales, tu poivres, tu ajoutes le vinaigre, le sucre, les câpres et les olives, les pignons et les raisins secs. Tu laisses à feu doux 15 minutes.

Tu laisses refroidir et tu sers frais, avec en topping des feuilles de basilic, et des tranches de pain grillé en *side*.

Chinese chicken salad

Cette salade m'a été inspirée des Kardashian, qui la consomment très fréquemment ;)

Pour *One bitch*

Durée : 20 minutes

Niveau de difficulté : Détente

- 100 g de nouilles de riz
- 1 filet de poulet
- Huile neutre
- Sauce soja salée ou sucrée
- 1 carotte
- 50 g de chou rouge
- ½ courgette
- 1 poignée de cacahuètes
- Quelques feuilles de coriandre

Pour la sauce :

- Le jus de ½ citron vert
- 1 cuil. à soupe de sauce soja sucrée
- 1 cuil. à soupe d'huile de sésame

Tu cuis les nouilles de riz dans de l'eau bouillante pendant 4 minutes. Tu les égouttes et tu les mets de côté.

Tu fais ensuite griller ton poulet 8 minutes dans une poêle chaude avec de l'huile neutre et, juste avant de le retirer du feu, tu le laques avec un filet de sauce soja (salée ou sucrée, selon ta préférence). Tu le sliceras ensuite.

Tu épluches la carotte. Tu tranches le chou, la carotte et la courgette en fines lamelles (plus joli pour la présentation).

Tu mélanges le chou, la carotte et la courgette dans un saladier, tu ajoutes les nouilles cuites et froides, tu verses par-dessus tous les ingrédients de la sauce et tu mélanges.

Tu dresses ta salade de nouilles dans une assiette creuse, tu disposes ton poulet slicé, tu saupoudres de cacahuètes et tu finis par les feuilles de coriandre. Tadam !

Poke bowl

à la maison

Le plus beau voyage de ma vie, c'était à Hawaii, pour ses paysages exceptionnels, les gens, mais aussi pour le poke bowl qui est originaire de là-bas ! Ma version est incomparable avec la leur, mais elle est quand même délicieuse.

Pour *One bitch*

Durée : 20 minutes

Niveau de difficulté : Détente

- 100 g de riz blanc
- 1 pavé de saumon extra-frais ou acheté surgelé et décongelé
- ¼ de mangue
- ½ avocat
- ¼ de concombre
- 2 cuil. à soupe d'edamame
- 1 cuil. à café de gingembre mariné
- 1 cuil. à café de graines de sésame

Pour la sauce :

- 1 cuil. à soupe de sauce soja salée
- 1 cuil. à soupe de vinaigre de riz
- 1 cuil. à soupe d'huile de sésame
- 1 cuil. à soupe de miel (ou sirop d'agave)

Tu cuis ton riz 10 minutes dans une eau bouillante salée, tu l'égouttes et tu le laisses refroidir.

Tu retires la peau du saumon et tu le coupes en cubes. Tu découpes mangue, avocat et concombre en petits cubes également.

Tu prépares ta sauce dans un bol à part, en mélangeant tous les ingrédients.

Pour le dressage, dans une assiette creuse, tu commences par une base de riz et tu disposes ensuite le saumon, la mangue, le concombre, l'avocat, les edamame et le gingembre de manière compartimentée. Pour finir, tu saupoudres de graines de sésame et tu verses la sauce.

Chef move :
Tu peux aussi faire une marinade pour ton saumon (ou thon) cru, en mélangeant 2 cuil. à soupe de mayonnaise avec 1 cuil. à café de sriracha et quelques oignons nouveaux hachés finement.

1. des crudités
2. une charcuterie
3. des tartinables
4. un bon pain
5. des bagels
6. des gressins
7. des olives
8. du fromage
9. des fruits frais et secs
2
3
9
1

PIQUE-NIQUE PARFAIT PIQUE-NIQUE PARFAIT

La tarte
à la tomate de mon papa

Mon père est ma première figure culinaire, il s'amuse tous les jours dans ses recettes en se cuisinant des petits plats pour lui, mais surtout en régalant toute la famille. Cette tarte, c'est sa carte joker, elle marche à chaque fois, et moi, elle me fait chaud au cœur.

Pour 1 tarte

Durée : 50 minutes

Niveau de difficulté : Détente

- 1 pâte feuilletée
- 2 cuil. à soupe de moutarde
- 3 ou 4 tomates (selon leur taille)
- 30 g de parmesan
- 30 g de fromage râpé
- Poivre

C'est la recette de mon père, donc je vous l'offre comme il me l'a écrite :

« Disposer la pâte feuilletée dans un moule à tarte, puis cuisson à blanc pendant 10 minutes à 180 °C (th. 6). Mettre 2 cuil. à soupe de moutarde, l'étaler sur le fond. Découper 3 ou 4 tomates, en fonction de leur taille, en fines rondelles, les déposer en rosaces. Mettre du poivre, pas de sel car la moutarde est salée, du parmesan râpé et du fromage râpé (je trouve que le comté est meilleur et qu'il a plus de goût), et c'est parti pour 30 à 40 minutes au four, toujours à 180 °C (th. 6). On démoule dès la sortie cu four et on se régale. On peut remplacer la moutarde par du pesto. »

Quelle star de la cuisine et de l'écriture.

Le petit mot du chef :
Merci chef Sylvain <3

La quiche
du confinement

Pour 1 quiche

Durée : 50 minutes

Niveau de difficulté : Détente/10

- 150 g d'épinards
- 1 pâte feuilletée
- 2 filets de saumon
- 3 œufs
- 3 cuil. à soupe bombées de skyr
- Muscade
- Ail semoule
- Un peu de fromage de ton choix (mozza râpée, chèvre, parmesan, facultatif)
- Sel, poivre

Réchauffe le four à 200 °C (th. 6-7). Dans une poêle, fais réduire les épinards frais avec un filet d'huile d'olive.

Pendant ce temps, dispose ta pâte feuilletée dans un moule à tarte (libre à toi de faire ta pâte maison, mais je ne suis pas Philippe Etchebest). Plie les bords et pique la pâte de manière symétrique avec une fourchette.

Mets de côté tes épinards cuits et lance dans la même poêle la cuisson des pavés de saumon. Fais-les cuire 3 ou 4 minutes en les tournant régulièrement pour qu'ils soient mi-cuits, puis mets-les de côté.

Dans un saladier, prépare l'appareil en mélangeant les œufs, le skyr et les épices.

Incorpore les épinards et les pavés de saumon découpés en morceaux plus ou moins égaux ET SANS LA PEAU !

Tu verses ton mélange sur la pâte, tu toppes d'un peu de fromage de ton choix, si tu veux, et tu enfournes 30 minutes ! Laisse refroidir quelques minutes avant de découper.

16h

GOÛTER

Smoothies

Mes petits favoris pour un petit déj rapide ou un goûter frais et vitaminé.

Green

Pour 1 smoothie

Durée : 5 minutes

Niveau de difficulté : Les yeux fermés

- 1 banane coupée en morceaux
- 1 poignée de mangue fraîche (ou surgelée, encore mieux)
- 2 poignées d'épinards frais
- Un petit verre d'eau
- Quelques glaçons

Chop chop banane et mangue, tu mets tout dans un blender, et tu mixes !

Pink

Le favori de Styleto.

Pour 1 smoothie

Durée : 5 minutes

Niveau de difficulté : Les yeux fermés

- 5 ou 6 fraises
- 1 banane coupée en morceaux
- 1 verre de lait d'amande
- 1 cuil. à café de graines de chia (*side note* : les graines de chia regorgent d'antioxydants, qui combattent la production de radicaux libres et renforcent le système immunitaire. De par leur teneur en fibres alimentaires, elles sont idéales pour la digestion)
- Quelques glaçons

Tu mets tout dans un blender et tu mixes !

Smoothies

Mes petits favoris pour un petit déj rapide ou un goûter frais et vitaminé.

Blue

Pour 1 smoothie

Durée : 5 minutes

Niveau de difficulté : Les yeux fermés

- ½ banane coupée en morceaux
- ½ pomme coupée en morceaux
- 1 poignée de myrtilles (fraîches ou surgelées)
- 1 verre de lait de coco
- 1 cuil. à café de spiruline (la spiruline a des propriétés antioxydantes, elle participe au bon fonctionnement du système immunitaire, et sa richesse en protéines fait de cette algue un « superaliment »)
- Quelques glaçons

Tu mets tout dans un blender et tu mixes !

Brown

Pour 1 smoothie

Durée : 5 minutes

Niveau de difficulté : Les yeux fermés

- 1 banane coupée en morceaux
- 2 cuil. à soupe de yaourt (skyr, grec, fromage blanc, végétal)
- 1 cuil. à café de beurre de cacahuète
- 1 cuil. à café de cacao en poudre non sucré
- 1 verre d'eau
- Quelques glaçons

Tu mets tout dans un blender et tu mixes !

COURSES
COURSES
COURSES
COURSES
COURSES
COURSES
COURSES

THE SOUND
THON ENTIER
À L'HUILE D'OLIVE
QUALITÉ PRIX
Produits
MIETTES DE THON
À LA SAUCE TOMATE
LOT x 2

Je vis seule depuis des années, donc, pour moi, les courses, c'est tous les deux, trois jours en petites quantités pour ne pas gâcher. Je vais te donner mon «placard de base» pour avoir toujours de quoi te faire un petit déj'/déjeuner/dîner, et une liste de courses pour cuisiner pendant trois jours avec des recettes de ce livre.

Le placard de base

Ce que j'ai absolument toujours en stock chez moi :

- Des œufs
- Du lait ou de la boisson végétale
- Des flocons d'avoine
- 1 fruit (le + souvent des bananes)
- Au congélateur, une protéine et un légume (le plus souvent du poulet/saumon et des haricots verts)
- 1 source de féculents secs (pâtes complètes ou riz)
- 1 boîte de thon et 1 boîte de maïs
- La base des aromates (huile d'olive, vinaigre balsamique, sel, poivre, ail en poudre)

Tout ça se conserve plutôt bien et me dépanne quand je n'ai pas d'inspiration de recette particulière ! Avec ces ingrédients, tu cuisines en 5 minutes une salade de riz, un plat au four, un porridge, une omelette…

Ma liste

de courses pour 3 jours de recettes happy hours edition

Avec cette liste, tu peux cuisiner 9 repas :

Petits déj'

• Green smoothie (p. 112)
• Porridge comme un Snickers® (p. 26)
• Œufs brouillés (p. 46)

Déj'

• Salade de riz *but make it fancy* (p. 96)
• Tacos salad (p. 90)
• *Leftovers* de quiche

Dîner

• Beurre de cacahuète chicken (+ riz) (p. 150 et 156)
• Toasts de patate douce (p. 66)
• Quiche du confinement (pour 1 personne) voir p. 108

• 7 œufs
• 3 filets de poulet
• 2 filets de saumon
• 1 boîte de thon

• 1 gros sachet d'épinards frais
• 1 citron
• 1 tête d'ail
• 1 patate douce
• 2 figues (ou 1 sachet de figues sèches)
• 2 bananes
• 1 concombre
• 1 grosse boîte de maïs
• 1 boîte de haricots rouges
• 200 g de tomates cerise
• Quelques radis
• 1 avocat
• 1 mangue

• 1 bûche de chèvre frais
• 1 pot de ricotta
• 1 pot de skyr

• 1 kg de riz
• 1 paquet de flocons d'avoine
• 1 pâte feuilletée

• 1 bouteille de lait ou de boisson végétale

• 1 pot de beurre de cacahuète
• 1 bouteille de sauce soja sucrée
• 1 bouteille de vinaigre de riz
• Du sirop d'agave
• 1 paquet de cacao en poudre non sucré
• 1 sachet de cacahuètes
• 1 pot de citrons confits
• 1 bouteille de sriracha

(Aliments relous à acheter mais qui se conservent et s'utilisent toute l'année).

COURSES COURSES COURSES

18

DIPS

h

APÉRO
SOLEIL
APÉRO
SOLEIL
APÉRO
SOLEIL

Pour 1 bol de dip

Durée : 5 minutes

Niveau de difficulté : Les yeux fermés/10

- 1 boîte de thon (140 g égouttés)
- 2 cuil. à soupe de skyr (ou de yaourt grec pour une version moins *fit*)
- Le jus de ½ citron
- 2 oignons nouveaux hachés
- 1 cuil. à café de confit d'ail
- 1 cuil. à café d'huile d'olive
- 1 cuil. à café de sirop d'agave
- Sel, poivre

Tu mets ton thon égoutté dans un joli bol et tu l'émiettes avec une fourchette.

Tu y ajoutes tous les ingrédients en gardant l'équivalent de 1 oignon nouveau de côté.

Tu mélanges jusqu'à l'obtention d'une texture homogène et tu dresses avec le reste des oignons en topping.

Tuna dip

Mon tzatziki healthy

Pour 1 bol de dip

Durée : 10 minutes

Niveau de difficulté : Détente/10

- ½ concombre
- 3 cuil. à soupe de skyr
- Le jus de ½ citron
- 1 cuil. à café de confit d'ail (voir p. 187)
- 3 feuilles de menthe fraîches
- Huile d'olive
- Gros sel, poivre

Tu épluches ton concombre et tu le coupes en tout petits dés.

Tu le mélanges ensuite dans un bol avec 3 cuil. à soupe de skyr, le jus de ½ citron, le confit d'ail, la menthe finement ciselée, du sel et du poivre à ta convenance.

Tu toppes avec un gros filet d'huile d'olive et tu te régales en dipant avec des gressins, des pitas coupées en quartiers, du pain ou des crudités.

Chef tip :
Ce tzatziki peut aussi s'utiliser en accompagnement dans un bowl.

Pour 1 bol de dip

Durée : 15 minutes

Niveau de difficulté : Détente/10

- ½ betterave précuite
- 130 g de pois chiches égouttés (une petite boîte de conserve)
- 1 gousse d'ail pelée
- Le jus de ½ citron
- 20 g de tahin (possible de s'en passer)
- 1 cuil. à café de cumin
- 1 filet d'huile d'olive
- 1 feuille de menthe
- Un peu de feta
- Sel, poivre

Dans un mixeur, mets la betterave, les pois chiches, la gousse d'ail, le jus de citron, le tahin, le cumin, le sel et le poivre. Mixe, ajoute 1 cuil. à soupe d'eau, re-mixe jusqu'à obtenir une texture homogène.

Dresse dans un bol et toppe avec un filet d'huile d'olive, de la menthe finement hachée et de la feta émiettée.

Pink houmous

19h

COCK-
TAILS

APÉRO
COCKTAILS
APÉRO
COCKTAILS
APÉRO
COCKTAILS

Le martini 2 ways

Je dois avouer qu'un martini basique ne me procure aucun plaisir, mais par contre les deux versions pétasse que je vais vous proposer sont au cœur de mes soirées cocktail *fancy*.

Pornstar martini

Pour 1 verre

Durée : 5 minutes

Niveau de difficulté : Détente

- 6 cl de Passoã® (liqueur de passion)
- 3 cl de vodka
- Le jus de ½ citron vert
- 1 cuil. à café de sirop de vanille
- Glace
- ½ fruit de la Passion
- 1 shot de champagne (ou de prosecco)

Verse la liqueur de passion, la vodka, le jus de citron vert et le sirop de vanille dans ton shaker rempli de glace jusqu'au bord. Shake pendant 10 à 20 secondes, filtre et sers dans un beau verre.

Tu toppes avec ton ½ fruit de la Passion et un shot de champagne ou de prosecco (voire du mousseux si t'es un peu ric-rac) que tu bois AVANT ou en sirotant PENDANT, mais que tu ne verses pas dans le cocktail. Ce sujet m'a valu 34 embrouilles, je suis convaincue que j'ai raison.

Pour une version mocktail : remplace la liqueur de fruit de la Passion par du jus de fruit de la Passion, et la vodka par du jus de pomme.

Espresso martini

À boire en cas de fatigue imminente, ce cocktail t'apportera le coup de fouet dont tu as besoin et bien plus encore.

Pour : 1 verre

Durée : 5 minutes

Niveau de difficulté : Détente

- 3 cl de vodka
- 2 cl de Kahlúa® (liqueur de café)
- 1 espresso
- 1 cuil. à café de sirop d'agave
- Quelques grains de café (pour le topping)

Verse tous les ingrédients dans ton shaker rempli de glace jusqu'au bord. Shake pendant 10 à 20 secondes, filtre et sers dans un beau verre.

Tu toppes avec quelques grains de café si tu es quelqu'un qui a le sens du détail.

Pour une version mocktail : supprime la vodka et la liqueur de café, et tu as un délicieux iced coffee bien sucré.

Le frozen daiquiri fraise

Un jour, avec mon amie Emma, en pleine journée piscine, accoudées au bar d'un célèbre beach club à Saint-Tropez, on a eu envie d'évasion, de sortir de notre rosé habituel, et on s'est laissées tenter par un frozen daiquiri fraise. Depuis, dès que j'en bois une gorgée, je vois du soleil, de la musique et du bonheur.

Pour 1 verre

Durée : 3 minutes

Niveau de difficulté : Les yeux fermés

- 6 cl de rhum blanc
- Le jus de ½ citron vert
- 1 cuil. à café de sirop d'agave/miel/sucre/sirop de fraise au choix
- Un petit verre de glaçons
- 4 fraises (pour le topping)

C'est tellement simple et exquis : tu mets tous les ingrédients dans un blender, tu mixes, tu verses dans un verre et tu toppes avec un morceau de fraise. Cheers !

Pour une version mocktail : Remplace le rhum par du jus de fraise.

Chef move :
Tu peux varier cette recette à l'infini en remplaçant les fraises par de la mangue, un fruit de la Passion, de la pastèque…

La marga
de Jadou

Pour 1 verre (tu peux doubler les doses pour en faire deux d'un coup)

Durée : 3 minutes

Niveau de difficulté : Les yeux fermés

- 6 cl de tequila (2 bouchons de shaker)
- 3 cl de Cointreau® (1 bouchon de shaker)
- Le jus de 1 citron vert
- Beaucoup de glaçons

Verse tous les ingrédients dans ton shaker rempli de glaçons jusqu'au bord et secoue fort pendant 10 à 20 secondes.

Tu sers en filtrant par le shaker et tu te régales.

Commentaire de Jadou :
« Après, les gens la trouvent souvent un peu forte. »

Chef move :
Pour faire une spicy marga, tu ajoutes 2 tranches de jalapeno dans le shaker et tu décores avec 2 tranches supplémentaires.

La sangria de la famille

J'ai un groupe de trois amis que je considère comme ma famille et que je rattache en premier lieu à l'amour, mais ensuite à la sangria ! Voici la recette qu'on a l'habitude de faire, elle se pratique dans une grande jarre, pour cinq personnes environ.

Pour 5 verres

Durée : 10 minutes
(+ 24 h de repos)

Niveau de difficulté : Les yeux fermés/10

- 1,3 l de vin rouge
- 20 cl de Cointreau®
- 400 g d'oranges (mix d'oranges à jus et d'oranges sanguines)
- 150 g de citrons jaunes
- 65 g de sucre roux fin
- Cannelle (ajuster en goûtant)
- 1 gousse de vanille entière
- 35 cl de limonade

Tu mélanges le vin, le Cointreau®, les oranges et les citrons coupés en rondelles ou en quartiers, le sucre roux, la cannelle et la vanille dans un grand récipient hermétique, et tu laisses reposer 24 h au frais.

Tu ajoutes la limonade au moment de servir !

Amaretto sour de Kos

J'ai découvert Kos, une île grecque, un été avec ma bande de meilleurs copains. J'y ai rencontré un barman qui a décidé que l'amaretto sour était MA boisson et qui me l'a servi pendant une semaine. Il avait raison, c'est un délice.

Pour 1 verre

Durée : 5 minutes

Niveau de difficulté : Les yeux fermés

- 6 cl d'amaretto
- 1 trait de bitter
- Le jus de ½ citron
- 1 blanc d'œuf
- Plein de glaçons
- Zeste de citron (facultatif)

Dans un shaker frais, mets les ingrédients liquides et shake 10 secondes, le temps que le blanc d'œuf s'émulsionne.

Tu ajoutes ensuite une dizaine de glaçons et tu shakes à nouveau, puis tu verses dans un verre en filtrant. Tu peux décorer d'un zeste de citron.

Pour une version mocktail :
Remplace l'amaretto par quelques gouttes d'arôme d'amande, supprime le bitter et utilise 6 cl de jus d'ananas, par exemple.

L'Aperol

spritz parfait

Après un voyage à Marseille organisé par Aperol® en personne, j'ai appris à réaliser le spritz parfait (je pèse mes mots). *Buckle up.*

Pour 1 verre

Durée : 2 minutes

Niveau de difficulté : Détente

- 5 glaçons
- Prosecco
- Aperol
- Eau pétillante
- 1 tranche d'orange

Mon apprentissage s'est fait avec un verre Aperol spritz. Si tu n'en as pas, fais dans un grand verre à vin, à l'œil (quel bon conseil).

Tu remplis à moitié le verre de glaçons, puis de prosecco jusqu'au mot « spritz » écrit sur le verre (environ la moitié), puis d'Aperol jusqu'au mot « Aperol » (environ 3 cl), et tu finis par de l'eau pétillante. La touche fancy est une tranche d'orange en topping.

Pour une version mocktail :
Tu peux, au choix, remplacer les alcools par leurs versions non alcoolisées, ou remplacer l'Aperol par du jus d'orange, et le prosecco par de l'eau pétillante aromatisée au citron.

20h

DINNER

Riz blanc

Durée : 12 à 15 minutes environ

Ma cuisson :

Fais bouillir un grand volume d'eau, ajoute du sel et pourquoi pas un cube de bouillon (légumes, viande), puis fais cuire le riz pendant 12 minutes. Égoutte, assaisonne et sers.

Autre option :

Verse une mesure de riz dans une mesure et demie d'eau bouillante. Dès que l'eau bout, couvre et laisse cuire pendant 10 minutes. Laisse ensuite reposer à couvert pendant 5 minutes.

Boulgour

Durée : 10 minutes environ

Ma cuisson :

Verse le boulgour dans un grand volume d'eau bouillante et fais cuire pendant 10 minutes. Égoutte, assaisonne et sers.

Pâtes complètes

Durée : 10 minutes environ

Ma cuisson :

Verse les pâtes dans un grand volume d'eau bouillante et fais cuire pendant 10 minutes. Égoutte, assaisonne et sers.

Féculents

Saumon
citron

Pour 1 personne

Durée : 30 minutes

Niveau de difficulté : Les yeux fermés

- 1 filet de saumon
- ½ citron jaune
- 1 gousse d'ail pelée (facultatif)
- Sel, poivre

Préchauffe le four à 190 °C (th. 6-7).

Prépare un plat avec du papier d'aluminium ou du papier sulfurisé.

Mets le filet de saumon frais dans le plat, dépose 2 ou 3 rondelles de citron dessus.

Si tu as envie, tu peux également couper 1 gousse d'ail en deux et la déposer dessus.

Assaisonne de sel et de poivre, utilise le reste du citron pour arroser le poisson.

Enfourne 25 minutes pour un rendu bien cuit à l'extérieur et rosé à l'intérieur, un peu moins pour une cuisson plus rosée et un peu plus pour que le poisson soit plus cuit.

Pour 1 personne (fonctionne en batch cooking)

Durée : 50 minutes

Niveau de difficulté : Concentré/10

- Huile neutre (ou huile d'olive, huile de coco...)
- ½ oignon jaune émincé
- 1 gousse d'ail pelée
- 150 g de pois chiches cuits en conserve
- Curry
- Paprika
- 20 cl de lait de coco
- Coriandre
- Sel, poivre

Tu fais chauffer 1 cuil. à soupe d'huile dans une casserole. Quand l'huile est chaude, tu jettes ton oignon émincé et tu le laisses dorer à feu moyen.

Pendant ce temps, tu coupes ta gousse d'ail en petits morceaux.

Au bout de 15 minutes, tu ajoutes les pois chiches, l'ail et toutes tes épices. Tu mélanges tout ça pendant 5 minutes, et puis tu finis en versant le lait de coco, que tu vas porter à ébullition et laisser tranquille 25 à 30 minutes à feu doux.

Une fois que tout ça a réduit et que la texture est crémeuse, tu retires la casserole du feu, tu goûtes, tu rajoutes des épices à ta convenance et tu sers avec de la CORIANDRE (uniquement si tu ne fais pas partie de la moitié du pays qui a une véritable phobie de cette herbe).

Pois chiches en mode curry

Pour 1 personne

Durée : 10 minutes

Niveau de difficulté : Détente

• 1 filet de poulet

• Huile (d'olive, de sésame, ou autre)

Pour la sauce :

• 1 cuil. à soupe de beurre de cacachuète

• 2 cuil. à café de sauce soja sucrée

• 1 cuil. à café de vinaigre de riz

• 1 cuil. à café de sirop d'agave

• Le jus de ½ citron

• 1 gousse d'ail

• 3 cuil. à café d'eau bouillante

Tu prépares ta sauce en mettant tous les ingrédients dans un bol, dont l'ail pelé et coupé en petits morceaux. Tu mélanges bien jusqu'à obtenir une texture homogène.

Tu lances ensuite la cuisson de ton poulet coupé en morceaux, dans une poêle bien chaude, avec un filet d'huile. Tu le laisses dorer 6 ou 7 minutes et tu ajoutes la sauce sur la fin de la cuisson.

J'ai testé cette recette en 2020 et je l'ai ensuite cuisinée un jour sur deux pendant des mois. C'est devenu ma signature et la base de mon alimentation, en somme.

Peanut butter chicken

Brocoli-feta

Pour 1 personne qui a faim

Durée : 30 minutes

Niveau de difficulté : Les yeux fermés

- ½ brocoli
- Huile d'olive
- Ail semoule
- Paprika
- Le jus de 1 citron jaune
- Un peu de feta
- Sel, poivre

Préchauffe le four à 200 °C (th. 6-7).

Rince ton brocoli et découpe-le en plein de petites têtes à peu près égales. Tu peux en faire quelques-unes plus petites pour qu'elles soient bien croustillantes.

Ensuite, hyper simple, tu disposes le broco sur une plaque recouverte de papier sulfurisé, tu badigeonnes d'huile d'olive, tu parsèmes d'épices, tu arroses de jus de citron, tu mélanges et tu enfournes pour 25 minutes (en mélangeant de temps à autre).

À la fin de la cuisson, tu saupoudres de feta effritée et tu laisses au four 1 ou 2 minutes pour qu'elle fonde juste. Tu sers et tu peux ajouter un peu de jus de citron pour un côté méditerranéen.

Si tu n'as pas de four, cette version marche aussi à la poêle.

Carottes rôties

Ma plus grande découverte de cette dernière année, et en plus ça rend aimable !

Pour 1 personne qui a envie d'être plus sympa

Durée : 40 minutes

Niveau de difficulté : Les yeux fermés

- 3 carottes (idéalement des carottes fines)
- Huile d'olive
- Miel
- Sel, poivre

Pour la sauce :

- Feta
- 2 cuil. à soupe de skyr
- Le jus de 1 citron jaune
- Huile d'olive
- Menthe (facultatif)
- Sel, poivre

Préchauffe le four à 200 °C (th. 6-7).

Rince tes carottes, selon leur tête et ta préférence, tu n'es même pas obligé de les éplucher. Coupe-les en deux dans le sens de la longueur (quoi qu'il arrive, essaye d'avoir des bâtonnets de plus ou moins la même épaisseur).

Dispose-les à plat sur une plaque qui va au four couverte de papier sulfurisé, badigeonne-les d'huile d'olive, parsème-les de sel et de poivre et toppe avec un généreux filet de miel. N'hésite pas à te salir les mains pour que tout soit uniformément recouvert. Tu enfournes ensuite pendant 30 minutes.

Pour la sauce : dans un bol, tu mélanges (pendant ta cuisson, pour rentabiliser le temps, eh eh) une moitié de tranche de feta effritée et le skyr. Tu ajoutes ensuite sel, poivre, jus de citron, un tout petit peu d'huile d'olive et tu REmélanges ! Si tu te sens frais, tu peux ajouter de la menthe.

Tu sors le plat du four et tu dégustes avec la sauce.

Chef tip :
Étale la sauce en forme de cercle sur une assiette et dispose les carottes alignées pour une présentation qui en jette.

Garlic haricots verts

Pour 1 personne

Durée : 15 minutes

Niveau de difficulté : Les yeux fermés

- 150 g de haricots verts
- 1 cube de bouillon (facultatif)
- Huile d'olive
- 1 gousse d'ail pelée
- Ail semoule
- Sel, poivre

Mets une casserole d'eau à bouillir. Pendant ce temps, équeute tes haricots verts (entre toi et moi, tu peux les prendre surgelés si ça te fait gagner du temps). Une fois l'eau en ébullition, tu la sales, tu peux même y ajouter un cube de bouillon, et tu y fais cuire tes haricots pendant 10 minutes.

Quelques minutes avant la fin de la cuisson, tu fais chauffer dans une poêle un gros filet d'huile d'olive et ton ail émincé à feu moyen.

Quand les haricots sont cuits, tu les égouttes et tu les mets dans la poêle avec de l'ail semoule, du poivre et du sel à ta guise. Tu laisses tout ça s'imprégner pendant quelques minutes, *and* voilà ! *Easy delicious*, comme on dit.

Chef tip :
Ce plat peut se faire en batch cooking pour la semaine.

1 PROTÉINE
+ 1 FÉCULENT
+ 1 LÉGUME

MIX &

J'avoue que parfois j'ai la flemme de me creuser la tête, et j'ai donc deux, trois recettes de chaque groupe d'aliments que je fais en rotation et que j'associe pour un repas complet.

(p. 150)

+

(p. 152)

+

(p. 158)

(p. 150)

+

(p. 154)

+

(p. 160)

(p. 150)

+

(p. 156)

+

(p. 162)

MATCH

(p. 150)

(p. 156)

(p. 160)

(p. 150)

(p. 152)

(p. 162)

(p. 150)

(p. 154)

(p. 158)

Pour 1 grand bol

Durée : 10 minutes

Niveau de difficulté : Détente

- 200 g de tomates bien mûres
- ½ poivron rouge
- ½ concombre
- ¼ d'échalote pelée
- 1 gousse d'ail pelée
- 1 cuil. à soupe d'huile d'olive
- 1 cuil. à soupe de vinaigre (de xérès idéalement)
- Paprika fumé
- Sel, poivre

Pour le topping :

- 1 tranche de concombre
- 1 tomate cerise
- 1 ou 2 feuilles de basilic
- 1 filet d'huile d'olive

Ma version est hyper rapide et un peu brutale, mais efficace : tu laves tous tes légumes, tu les épluches ou non (moi non, mais pour une texture plus lisse, c'est mieux), tu les coupes en morceaux, tu les mets dans ton mixeur avec le reste des ingrédients, et tu mixes jusqu'à l'obtention d'une texture homogène !

Tu sers dans une belle assiette creuse, avec en topping 1 tranche de concombre et 1 tomate cerise coupées en petits morceaux, 1 ou 2 feuilles de basilic et un filet d'huile d'olive.

Gaspac'hoe

Hyper frais, comme toi ;)

La soupe qui rend aimable

Ne jamais hésiter à en boire un grand bol car on en a souvent bien besoin.

Pour 2 bols

Durée : 30 minutes

Niveau de difficulté : Détente

- 2 ou 3 carottes (selon leur taille) épluchées
- ⅓ d'oignon jaune épluché
- 2 cuil. à soupe d'huile de coco
- 1 cuil. à café de gingembre en poudre
- 1 cuil. à café de curry
- 25 cl d'eau
- 1 cube de bouillon de légumes
- 10 cl de lait de coco + 1 trait
- Un peu de coriandre
- Un peu de sauce sriracha
- Sel, poivre

Tu coupes tes carottes et ton oignon en petits morceaux.

Dans un faitout (ou une grosse casserole), tu fais chauffer l'huile de coco et tu cuis ton oignon environ 3 minutes.

Tu ajoutes ensuite les carottes, le gingembre et le curry, et tu fais revenir pendant 5 minutes.

Tu verses tes 25 cl d'eau en t'assurant qu'elle recouvre bien les légumes, tu ajoutes le cube de bouillon et tu laisses mijoter jusqu'à ce que les carottes soient fondantes (environ 20 minutes).

Tu peux ensuite mixer avec le lait de coco, puis servir dans deux belles assiettes creuses, avec en topping des feuilles de coriandre, un trait de lait de coco et de sriracha, si tu aimes manger épicé.

Butternut soup

Ma préférée, de loin.

Pour 1 grand bol

Durée : 35 minutes

Niveau de difficulté : Détente

- ¼ de butternut
- 1 pomme de terre
- ½ oignon jaune
- 1 gousse d'ail pelée
- Huile d'olive
- Paprika
- 1 cube de bouillon (légume, viande)
- 25 cl d'eau
- 2 cuil. à soupe de skyr
- Sel, poivre

Tu épluches et coupes ton butternut, ta pomme de terre et ton oignon en cubes, et tu émincés ton ail.

Tu fais ensuite chauffer un faitout (ou une grosse casserole) à feu moyen et tu fais revenir dans un filet d'huile d'olive ton ail et ton oignon.

Au bout de 5 minutes, tu ajoutes butternut et pomme de terre, paprika, sel et poivre, cube de bouillon, et tu recouvres pile d'eau. Tu laisses mijoter 20 minutes environ jusqu'à ce que tout soit fondant (tu testes en plantant un couteau dans les morceaux, ça doit s'enfoncer facilement) et tu ajoutes 1 cuil. à soupe de skyr juste avant de passer au mixeur.

Tu dresses dans un bol ou une assiette creuse et tu toppes avec 1 cuil. à soupe de skyr, j'adore faire ça, personnellement, je trouve que la fraîcheur du yaourt se marie hyper bien avec la soupe chaude et épaisse, et peut remplacer une crème fraîche, par exemple.

Chef move :
Ajouter un trait d'huile de truffe, ou de sauce truffée, pour un *upgrade* immédiat.

Mhalabia
de maman

J'aime peu de desserts, mais celui-là est vraiment l'un de mes préférés, surtout parce qu'il est fait par ma mère depuis que je suis toute petite.

Pour 4 ramequins

Durée : 20 min
(+ 4 h de réfrigération)

Niveau de difficulté :
Concentré/10

- 50 cl de boisson végétale à base d'amande
- 90 g de sucre en poudre
- 3 cuil. à soupe d'eau de fleur d'oranger
- 40 g de fécule de maïs
- 1 poignée de pistaches et d'amandes

Pour le sirop :

- 1 cuil. à soupe de miel
- 2 cuil. à soupe d'eau
- 1 cuil. à soupe d'eau de fleur d'oranger

Dans une casserole, tu verses 40 cl de boisson végétale à base d'amande, et tu ajoutes le sucre et l'eau de fleur d'oranger.

Tu dilues ensuite la fécule de maïs dans les 10 cl de boisson d'amande restants et tu mélanges avec la préparation précédente.

Tu fais chauffer sur feu doux en remuant constamment jusqu'à ce que le mélange épaississe (c'est magique).

Tu retires du feu, tu verses dans 4 ramequins et tu mets au frigo pendant 4 heures ou plus.

Pour préparer ton sirop, tu mélanges 1 cuil. à soupe de miel, 2 cuil. à soupe d'eau et 1 cuil. à soupe d'eau de fleur d'oranger. Tu fais chauffer 5 minutes jusqu'à obtenir un sirop, puis tu laisses refroidir.

Tu concasses les amandes et les pistaches, et ma mère dit que c'est indispensable de les toaster à la poêle 5 minutes.

Tu dresses en versant ton sirop + les amandes et les pistaches sur tes petits ramequins. Miam.

Le petit mot :
Merci, chef Malika <3

23
h
AFTER

AFTER
SHOOTER
AFTER
SHOOTER
AFTER
SHOOTER

J'ai écrit ces recettes avec le barman du bar où je passe mes journées et mes nuits en terrasse depuis que j'habite à Paris. On s'est bien amusés quand on a dû tester chaque shot et une dizaine d'autres...

Coca zéro

- 1,5 cl d'amaretto
- 0,5 cl de jus de citron
- 2 traits d'angostura

Mini marga

- 1 cl de tequila
- 0,75 cl de triple sec
- 1 goutte de Tabasco®
- 0,10 cl de sirop de citron

Orgasm

- 1 cl de Get 27
- 1 cl de crème de whisky

Soleil

- 0,75 cl de liqueur de fleur de sureau
- 0,75 cl de triple sec
- 0,75 cl de jus de citron frais

Madeleine

- 4 cl d'amaretto
- 2 cl de triple cec
- 6 cl de jus d'ananas

2h ENCORE DEBOUT

Pour ce dernier chapitre, je trouvais important de vous proposer des recettes quali à faire en rentrant d'une folle soirée. Mais ça n'est pas forcément mon point fort, j'ai plutôt tendance à ouvrir une appli de livraison (et je m'endors parfois avant que la commande arrive… Bref).

J'ai donc proposé à mes copains de chez Ephemera de s'associer avec moi pour vous proposer 3 recettes rapides mais exquises, concoctées par Loris, chef de renom.

Le coquilloto de 'nduja et cheddar

La 'nduja est l'un de mes produits préférés ! C'est une charcuterie italienne épicée à base de viande de porc, de piments et d'épices, semblable au chorizo, mais avec une texture crémeuse.

Pour 2 personnes

Durée : 15 à 20 minutes

Niveau de difficulté : Concentré

- 1 l de bouillon (légumes, poulet) ou d'eau
- 1 filet d'huile d'olive
- 25 g de beurre
- 2 échalotes, pelées et finement hachées
- 250 g de coquillettes
- 120 ml de vin blanc sec
- 100 g de 'nduja (peut être remplacée par du jambon blanc en dés)
- 100 g de cheddar râpé (peut être remplacé par du comté)
- 1 cuil. à soupe de crème épaisse
- Ciboulette ou persil
- Sel, poivre

Fais chauffer le bouillon dans une casserole et maintiens-le au chaud à feu doux.

Dans une grande poêle, fais chauffer l'huile d'olive et le beurre à feu moyen. Ajoute les échalotes hachées et fais-les revenir pendant environ 3 minutes, jusqu'à ce qu'elles deviennent translucides.

Ajoute les coquillettes dans la poêle et remue-les pendant 1 ou 2 minutes, jusqu'à ce qu'elles soient légèrement dorées.

Verse le vin blanc dans la poêle et remue jusqu'à ce qu'il soit absorbé par les coquillettes.

Ajoute une louche de bouillon chaud dans la poêle et remue jusqu'à ce qu'il soit absorbé. Répète cette opération en ajoutant une louche de bouillon à la fois, en attendant à chaque fois que le liquide soit absorbé avant d'ajouter la suivante. Continue ainsi pendant environ 8 minutes, en remuant régulièrement, jusqu'à ce que les coquillettes soient *al dente*.

Ajoute la 'nduja et le cheddar râpé dans la poêle. Mélange bien pour les incorporer. Ajoute 1 cuil. de crème épaisse pour la gourmandise.

Goûte le coquilloto et ajuste l'assaisonnement avec du sel et du poivre selon ton goût. Toppe avec les herbes.

Pour 2 sandwichs

Durée : 10 minutes

Niveau de difficulté : Concentré

- 6 tranches de ton meilleur pain de mie
- 150 g de mortadelle, tranchée (à la truffe, c'est encore meilleur)
- 200 g de burrata, coupée en tranches (à la truffe, c'est encore meilleur)
- Quelques feuilles de roquette
- 1 tomate cœur-de-bœuf

Pour le pesto :

- 1 tête d'ail
- 1 filet + 4 cl d'huile d'olive
- 1 botte de basilic
- 30 g de parmesan râpé
- 50 g de pistaches torréfiées

Prépare le pesto : préchauffe le four à 180 °C (th. 6). Coupe la partie supérieure de la tête d'ail pour exposer les gousses. Place-la sur une feuille de papier d'aluminium et arrose-la d'un filet d'huile d'olive. Enveloppe bien l'ail dans le papier d'aluminium et place-le sur une plaque de cuisson. Enfourne pour environ 40 minutes, jusqu'à ce que l'ail soit tendre et doré.

Retire l'ail confit du four et laisse-le refroidir légèrement. Presse les gousses d'ail confit pour en extraire la pulpe tendre. Réserve.

Dans un mixeur, mets le basilic frais, le parmesan râpé, les pistaches torréfiées et la pulpe d'ail confit. Mixe le tout jusqu'à obtenir une consistance grossièrement hachée. Ajoute les 4 cl d'huile en filet. Mixe de nouveau.

Pour le montage : commence par toaster légèrement les tranches de pain de mie pour les rendre croustillantes. Étale une fine couche de pesto sur une face de chaque tranche de pain de mie. Réserve 2 tranches de pain de mie : elles vont servir de « chapeaux » aux sandwichs. Place les tranches de mortadelle sur les 4 tranches de pain, en les répartissant uniformément. Ajoute des tranches de burrata, la roquette et enfin une belle tranche de tomate.

Superpose 2 tranches de pain de mie garnies et finis avec les « chapeaux » réservés. Coupe-les en deux dans la diagonale.

Club sandwich mortadelle, burrata et pesto de pistaches

Karaage

poulet croustillant (adieu KFC)

Pour 2 personnes

Durée : 15 minutes + le temps de la marinade

Niveau de difficulté : Concentré

- 300 g de haut de cuisse de poulet (le blanc marche aussi)
- 50 g de fécule de maïs
- Huile végétale pour la friture
- Ta sauce préférée

Pour la marinade :

- 4 cuil. à soupe de sauce soja
- 2 cuil. à soupe de mirin (alcool de riz japonais)
- 2 cuil. à soupe de saké (alcool de riz japonais)
- 2 gousses d'ail, pelées et émincées
- 2,5 cm de gingembre frais, râpé

Dans un bol, prépare la marinade en mélangeant la sauce soja, le mirin, le saké, l'ail émincé et le gingembre râpé.

Ajoute le poulet coupé en morceaux dans la marinade et mélange bien pour l'enrober. Tu peux le mettre à mariner avant de partir en soirée.

Ajoute la fécule de maïs au poulet mariné et mélange délicatement pour bien enrober chaque morceau.

Dans une grande poêle ou une casserole, fais chauffer suffisamment d'huile végétale pour la friture à une température d'environ 180 °C.

Fais frire les morceaux de poulet en petites quantités pour éviter qu'ils ne se collent entre eux : plonge-les doucement dans l'huile chaude et fais-les frire pendant environ 5 ou 6 minutes jusqu'à ce qu'ils soient dorés et croustillants. Retourne-les à mi-cuisson pour une cuisson uniforme.

Utilise une écumoire pour les sortir de la poêle ou de la casserole et dépose-les sur du papier absorbant pour éliminer l'excès d'huile.

Répète l'opération avec le reste des morceaux de poulet jusqu'à ce que tout soit frit.

Déguste-les bien chauds en les trempant directement dans ta sauce préférée !

Fakadillas (fausses quesadillas)

Ma version flemmasse des quesadillas, que j'ai découverte en assemblant les seuls aliments que je trouvais en rentrant de soirée.

Pour 1 personne

Durée : 5 minutes

Niveau de difficulté : Les yeux fermés/10

- Beurre ou huile
- 2 grands wraps (blé normal ou complet)
- 1 grosse paluche de fromage râpé
- Tomate, oignon et coriandre (pour la version classe)

Fais chauffer une poêle à feu moyen avec de la matière grasse (beurre ou huile), puis mets le premier wrap dedans.

Le gros de la recette se joue désormais : prends avec ta grosse paluche une grande quantité de fromage râpé de ton choix (ici, cheddar rouge et mozza râpée) et dispose-la uniformément sur le wrap. Dépose ensuite le deuxième wrap par-dessus et appuie bien avec une spatule. Tu cuis 1 minute de chaque côté en appuyant régulièrement avec ta spatule, comme pour écraser tous tes regrets de la veille.

Tu retires de la poêle, tu découpes tout ça en quatre, tu attends un tout petit peu que ça refroidisse, sinon tu te brûles, et tu dégustes.

Chef tip :
À topper avec 1 tomate et ¼ d'oignon coupés en cubes très fins + un peu de coriandre.

CITY GUIDE CITY GUIDE CITY

Je te propose 3 RVR city guides pour manger + boire + faire la fête dans mes trois endroits préférés en ✦ FRANCE ✦

LYON CI

Ma ville, là où j'ai grandi et passé ma jeunesse, un endroit apaisant, qui vit et qui regorge d'adresses et de gens sympas.

Bartholomé

Pour un petit déj' ou un brunch, les meilleurs pancakes de la ville.

Artic

Pour un green smoothie.

Fiston

Une des seules adresses rue Mercière fréquentée par des Lyonnais.

Le Café du marché

Une carte de saison trop sympa, jolie petite terrasse sur la Saône en été.

La rivière Kwaï

L'excellence de la cuisine thaïe.

Brasserie Sathonay

Cuisine excellente et localisation très sympa, surtout si vous visitez la ville.

Le Cintra

Pour goûter la cuisine lyonnaise par excellence, un peu old school, mais c'est notre lieu de rendez-vous avec mon papa.

TY GUIDE

Le Selcius

À partir du mois de mai jusqu'à début octobre, c'est mon endroit préféré pour siroter un verre et manger un apéro en me persuadant que je suis au bord de la mer.

Casa Nobile

Un italien excellent mais sans réservation.

Azar Club

Les plus grands noms viennent y mixer, à surveiller de près.

La Maison Gerland

Pour dîner et sortir ensuite, la seule boîte lyonnaise que je fréquente encore, d'ailleurs, si vous n'avez jamais pris une photo devant le néon « Sous of the Day : Tequila » quand vous aviez 20 ans, vous n'êtes pas vraiment lyonnais.

Ferdinand

Pour les amateurs de viande, le restau est situé à la Croix-Rousse : mon quartier favori.

La Barge

Une péniche sur le Rhône, top pour boire un verre et profiter du sunset

Le Café Court

Mon QG pour boire un verre en centre-ville, tenu par deux copains.

Chez Fyfy

Mes sushis préférés.

PARIS CI

J'ai emménagé à Paris il y a un an et j'ai appris à adorer cet endroit que j'ai cru détester ! Évidemment, c'est le paradis des bonnes adresses, je vous donne mes petites favorites.

Café Francœur

Brasserie simple mais la carte food est excellente.

ILIA

Le meilleur bowl méditerranéen du monde, parfait pour déjeuner en deux-deux.

Ippudo

Mon restau de ramen favori, avec une petite préférence pour celui du Louvre.

Le Petit Cadet

Personnel adorable, cadre adorable, carte adorable.

Two Doors

Coffee-shop

Excellent café à emporter.

Poni

On adore y dîner avec mes copains.

TY GUIDE

Marcello

Un italien situé dans une cour arborée, la nourriture est exquise et l'ambiance très dolce vita.

CoCo

Pour un repas en mode Gossip Girl, l'endroit est assez cher mais très beau, l'ambiance y est douce.

Tonton de la Butte

Pour boire du rouge et manger une entrecôte.

Le Rouge

Pour clubber sur une playlist de rap US.

CÔTE CITY

Entre Marseille et Antibes, mon cœur balance, donc, j'avoue, j'ai pas trop respecté les Sudistes et je vous ai tous regroupés en CÔTE D'AZUR ! *Enjoy* ;)

MARSEILLE

Le Bistrot Plage

Meilleur endroit pour réserver un transat, se baigner dans la mer et boire un spritz.

MARSEILLE

La Cantinetta

Une adresse que mon amie Emma m'a fait découvrir, on y mange la meilleure scaloppine du MONDE.

MARSEILLE

Le Nautic Bar

Un restau de poisson dans la calanque de Morgiou, le gérant est hilarant, la nourriture authentique et hyper fraîche.

MARSEILLE

R2 Le Rooftop des Terrasses

Tout simplement un indispensable pour sortir, les soirées sont toujours excellentes, j'y ai vécu 18 vies alors que j'y suis allée 6 fois.

ANTIBES

La Petite Plage

Pour un déjeuner/aprèm festif.

D'AZUR GUIDE

CANNES
La Môme Cannes
J'adore l'ambiance dans cette petite rue, c'est tamisé et électrique à la fois, pour un dîner élégant.

CANNES
Hyde Beach
Une plage sympa pour déjeuner.

CANNES
L'Écrin Plage
La plus belle plage de Cannes selon moi, le cadre dans les rochers est sublime, le service excellent.

CANNES
Bâoli Cannes
On dîne sans trop s'entendre parler (pratique en cas de manque de conversation) et ensuite on fait la fiestaaa.

CANNES
Bisous bisous
Une boîte au sein du Palais des festivals, beaucoup moins exclusive que le reste de la ville, donc beaucoup plus détente, ambiance géniale.

TOUTES
LES
BONNES
CHOSES
ONT UNE
FIN

C'est fou pour moi de me dire que ce livre est terminé. En classique Anna, j'ai les larmes aux yeux en écrivant ces derniers mots, bon, après tout, qu'est-ce que la vie sans émotions excessives ???

J'essaie d'apprendre et de progresser tous les jours, mais j'ai très peu confiance en moi et surtout dans la perception qu'on peut avoir de mon travail. Pendant la construction de ce projet, il n'y a pas un moment où je n'ai pas douté. Je tenais donc à remercier du plus profond de mon cœur tous ceux qui y ont participé de près ou de loin, en m'inspirant, en me partageant leur savoir ou en me disant de me taire et d'avancer.

Pour commencer, merci à ma famille et à mes amis, qui sont cités tout au long du livre. La cuisine a un sens émotionnel très fort pour moi, et c'est en partie parce que je regarde depuis toujours mes proches la pratiquer avec amour. La plupart d'entre eux sont d'ailleurs bien plus doués que moi, donc merci à eux. Et pour ceux qui savent à peine cuire des pâtes, merci pour votre patience, votre soutien et votre bienveillance. Je vais le faire parce que je PEUX, c'est MON livre, et j'aurais pas l'occasion tous les quatre matins : merci à mon papa Sylvain, ma maman Malika, Tom, Mano, Mamissèle, grand-père JJ, Mamizo, papi Guy, Fanny, Martin, Arthur, Caroline, Pascal, Manon, Maxence, Liza, Johanna, Adrien, Loraine, Jade, Astrid, Laure, Chloé, Emma, Lucas, Antoine, Hugo, Momo, d'avoir été dans mon paysage depuis au moins plus de cinq ans et avec le sourire. Sans vous, je ne suis rien. Nan, je rigole. Mais au moins vous avez vos noms dans un livre.

Ensuite, merci aux pros qui m'ont accompagnée dans la rédaction de ce chef-d'œuvre.

Merci à Vick (@vickgarson) et Rub (@dadyeahruben), qui m'ont prise sous leur aile sans poser de questions et qui m'ont apporté leur aide quand j'étais complètement en détresse (j'étais ridicule). Les recettes sont définitivement marquées par leur patte, merci pour chaque conseil.

Merci à l'équipe d'Ephemera, et particulièrement à Jade, Annaïg et Loris, qui en plus d'avoir un sens de la gastronomie hors pair, sont les plus forts dans la créativité, l'entrepreneuriat, et sont un modèle de réussite pour moi depuis des années. Merci pour votre générosité sans faille, c'est assez rare pour le souligner.

Merci à Clément de la *Terrasse Choron* pour son aide précieuse sur la partie shots du livre. Merci de m'avoir apporté ton expérience, de m'avoir prêté un peu de ton temps, et merci d'avoir joué au petit chimiste pour proposer de l'inédit.

Toutes les personnes citées ci-dessus sont réunies par leur gentillesse, leur réactivité et leur générosité.

Et puis, merci à mon agence, Follow, pour leur soutien sur ce projet. Un merci particulier à Arthur, et encore plus particulier à Lisa, qui me supporte depuis des années, qui m'inspire, me rassure, me fait rire au quotidien.

Merci à Hachette d'avoir cru en moi, merci à tous ceux qui ont travaillé sur le livre, à Marie, Zoé et Blaise.

Et puis, merci à VOUS, grâce à vous, tout ça existe.

Voilà, je me retire, c'était long et intense, j'espère que vous vous régalerez, que quand vous cuisinerez un dîner solo, que vous préparerez un brunch en famille ou que vous trinquerez à 1 heure du matin, vous aurez une petite pensée pour moi. Profitez bien de vos *happy hours*.

BBBB* - Anna

* big bisous bien baveux

LISTE DES RECETTES

A

• Amaretto sour de Kos 144
• Aperol spritz parfait 146
• Avocado toast de star 70

B

• Bowl mangue-burrata 88
• Bowl skyr, passion, granola 42
• Brocoli-feta 158
• Burger de tomate 76
• Butternut soup 170

C

• Caponata de Mamissèle 98
• Carottes rôties 160
• César homemade 86
• Chinese chicken salad 100
• Club sandwich mortadelle, burrata et pesto de pistaches 186
• Compote en deux-deux 54
• Coquilloto de 'nduja et cheddar 184

E

• Espresso martini 136

F

• Fakadillas (fausses quesadillas) 190
• Féculents 150
• Frozen daiquiri fraise 138

G

• Garlic haricots verts 162
• Gaspac'hoe 166
• Greek bowl 82
• Green wrap 78

I

• Iced latte parfait 30

K

• Karaage poulet croustillant (adieu KFC) 188

M

- Marga de Jadou 140
- Meilleur wrap 72
- Mhalabia de maman 172

O

- Œufs au plat 48
- Œufs brouillés (ou brouillons) épinards-chèvre 46
- Œufs mouillettes 50

P

- Pancakes flocons d'avoine 52
- Peanut butter chicken 156
- Pink houmous 130
- Pois chiches en mode curry 154
- Poke bowl à la maison 102
- Pornstar martini 136
- Porridge charlotte aux fraises 22
- Porridge piña colada 24
- Porridge plaid 28
- Porridge comme un Snickers® 26
- Prosecco mimosa 44

Q

- Quiche du confinement 108

S

- Salade d'endives 92
- Salade de pâtes de star 94
- Salade de riz *but make it fancy* 96
- Sandwich de poivron 68
- Sangria de la famille 142
- Saumon citron 152
- Shot Coca zéro 178
- Shot Madeleine 181
- Shot Mini-marga 178
- Shot Orgasm 179
- Shot Soleil 180
- Smoothie blue 116
- Smoothie brown 116
- Smoothie green 112
- Smoothies pink 112
- Soupe qui rend aimable 168

T

- Tacos salade 90
- Tarte à la tomate de mon papa 106
- Tartines salées 40
- Toasts de patate douce 66
- Toast sur rösti 74
- Tomates rôties au miel et burrata 38
- Tuna dip 126
- Tzatziki maxi healthy 128

Direction :
Catherine Saunier-Talec

Responsable éditoriale :
Lisa Grall

Responsable de projet :
Marie Naudet

Responsable artistique :
Nicolas Gallois

Mise en page et couverture :
Mathilde Dubois

Relectures :
Marie-Ève Foutieau
Charlotte Müller

Fabrication :
Amélie Latsch

Responsable des partenariats : Dana Lichiardopol (dlichiardopol@hachette-livre.fr)

58, rue Jean Bleuzen
92178 Vanves Cedex

Dépôt légal : septembre 2023

25-1926-3/01

ISBN : 978-2-01-721623-0

Imprimé en Espagne

PAPIER À BASE DE FIBRES CERTIFIÉES

hachette PRATIQUE s'engage pour l'environnement en réduisant l'empreinte carbone de ses livres. Celle de cet exemplaire est de : 2,400 kg éq. CO_2
Rendez-vous sur www.hachette-durable.fr